TRANSPORTE INTERNACIONAL

Josep Baena

Colección: **Manuales de Formación**
1ª edición, noviembre 2002

© Copyright 2002, Josep Baena, 2002

Editan:

Logis.Book
València, 558, atico
08026 Barcelona

Fundació EMI-Manresa
P.º Pere III, 96, 1º 1ª
08240 Manresa (Barcelona)

© Copyright de esta edición: Fundació EMI-Manresa / Logis.Book.
© Copyright de la cubierta: Marge.

Composición y maquetación: Antonio Lista.

ISBN: 84-86684-17-X
Depósito Legal: B-46729-2002

Impreso en España.

PRESENTACIÓN

El transporte de mercancías, en general, ha experimentado un gran crecimiento en los últimos tiempos, y lo ha hecho fundamentalmente por dos motivos:

- La presión del fenómeno de globalización económica y la definición de grandes mercados regionales. Ello ha devenido en mayores facilidades para la circulación de las mercancías, favorecido los fenómenos económicos de "deslocalización industrial" y proyectado el crecimiento del comercio mundial, y por tanto del sector de transporte.

- La presión del propio sector por hacerse con una mayor cuota del mercado, ocasionando una carrera competitiva en la disposición de nuevos medios de transporte, cada vez mayores (en algunos modos) y con unos crecientes niveles de prestación de servicio.

Este entorno, ha permitido el continuo abaratamiento de costes de transporte y manipulación, capitaneados por lo que ha sido considerado como la revolución del sector: la unitización de cargas y la creación de flujos masivos, lo cual ha conllevado la reducción de costos por unidad de carga y distancia recorrida.

La evolución tecnológica tampoco ha sido ajena. Ha derivado en una mayor necesidad de capital y en la consiguiente concentración empresarial, aunque más acusada en unos subsectores, como el del transporte marítimo, que en otros, como es el caso de la carretera.

Se trata, pues, de un sector muy dinámico, cuyo crecimiento supera con creces la evolución del PIB estatal y que las previsiones apuntan a que seguirá haciéndolo en el próximo futuro. Por ello, va a ser necesario recabar en el mercado laboral profesionales que quieran desarrollar su futuro en este sector, sobre todo en un momento en el que la existencia de personal cualificado escasea y a que, tradicionalmente, el mercado no está facilitando propuestas académicas para la formación de este tipo de profesionales o, por lo menos, no lo está haciendo en la medida de la representatividad del sector en la economía estatal.

El «Manuales de Formación» que se presenta pretende facilitar los principales conceptos y elementos que caracterizan al sector de transporte internacional y su vinculación con el comercio exterior. Con este fin, incluye la tipología de los distintos modos y sus especificidades, como forma de familiarizar al lector y dotarle de herramientas para su inmersión profesional en la actividad del transporte internacional.

Alfredo Casas
Director General
Fundació EMI-Manresa

ÍNDICE

1. INTRODUCCIÓN

El comercio internacional se basa en la oferta y demanda de toda clase de productos y materias primas. Los productos excedentes de un país, la demanda superior a la oferta local existente, aspectos económicos y sociales propios de cada país, son algunos de los factores por los que diariamente se mueven millones de toneladas de diferentes mercancías por tierra, mar y aire.

En todas las operaciones de exportación e importación intervienen básicamente tres tipos de elementos:

Físicos, personales y jurídicos.

Los **elementos reales del transporte** son:

- Las **mercancías** (objeto del transporte).
- El **flete** (precio del transporte).

Este «Manuales de Formación» analiza de forma sencilla estos elementos del comercio exterior y las funciones de cada uno de ellos en las diferentes modalidades de transporte internacional.

Cada elemento forma parte de la cadena de transporte de las mercancías tras la compra/venta de las mismas, por lo que deberemos conocer los diferentes procesos por los que han de pasar las mercancías objeto de transporte, sea cual sea la modalidad utilizada.

Relación comercial
INCOTERMS
Elementos que intervienen en el transporte

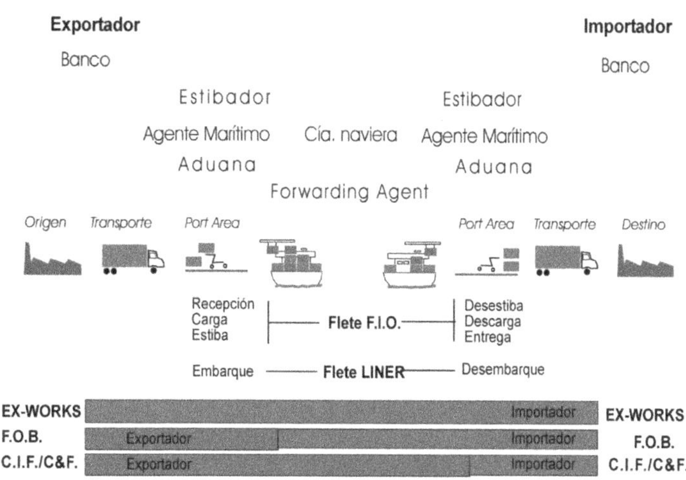

Una imagen global de algunos de los elementos más importantes y el conocimiento del campo de acción de cada uno de ellos, nos facilitarán la comprensión de todo el proceso de transporte, desde el inicio hasta el final: la relación comercial entre exportador e importador; los transportistas; las empresas de servicios; la intervención de los organismos oficiales, etc.

Huelga decir que la normativa especifica de cada país, el nivel económico, las tarifas fijadas por las compañías de transporte, las infraestructuras y la seguridad de los medios de transporte inciden de manera directa en el comercio internacional.

Complementariamente a los elementos mencionados, existen en cada una de las modalidades de transporte normas y terminologías aceptadas internacionalmente que facilitan la fluidez del comercio y el transporte internacional, garantizando unos usos comunes para todos. Son los incoterms.

Ya que constituye la finalidad de este «Manuales de Formación» analizar las bases del funcionamiento del transporte internacional, empezaremos observando unas estadísticas generales sobre los porcentajes de participación de los diferentes modos de transporte, en función de las toneladas movidas, tanto de exportación como de importación.

La primacía del transporte marítimo en el comercio internacional obedece, entre otros factores, a su economía de costes en comparación con el terrestre o el aéreo. Sin embargo, para distancias cortas y medias, el transporte por carretera ha crecido espectacularmente en los últimos años, de forma que en España, para el total de toneladas/kilómetro movidas en el año 1996, el 91,9 % se realizaron en camión y el 5 % por ferrocarril. Para ese mismo año, en el conjunto de la Unión Europea, los porcentajes fueron 73,6 % por camión; 13,9 % por ferrocarril; y 7 % por navegación interior (canales y ríos).

Modalidad de Transporte	Porcentaje sobre el total
Marítimo	75 %
Carretera	20 %
Ferrocarril	4 %
Aéreo	1 %

Las rutas de mayor volumen de negocio, hacia y desde Europa, están dirigidas a los países de Extremo Oriente, Estados Unidos, Canadá y Sudamérica. Ese comercio global, en buena parte realizado a través de los canales de Suez y Panamá, utiliza de forma prácticamente exclusiva la vía marítima.

2. ELEMENTOS FÍSICOS

En algunos de los elementos físicos que vamos a ir relacionando existen aspectos básicos comunes para todos ellos, por lo que en ciertos apartados no se especificarán todas las características concretas de cada uno de ellos.

2.1 Mercancías

Los diferentes tipos de mercancías son el **elemento real del transporte.** La evolución y transformación de los sistemas de transporte, así como la seguridad en los mismos, han ido acomodándose a las necesidades de los productos y éstos, a su vez, han motivado la necesidad de estandarizar y homogeneizar los sistemas de envase y de embalaje de las mercancías destinadas al transporte internacional.

	MARÍTIMO	*AÉREO*	*CARRETERA*	*FERROCARRIL*
FÍSICOS	**Mercancías**			
	Puertos	Terminal de carga	Almacenes	Estaciones FF.CC.
	Buques	Aviones	Vehículos	Vagones
	Contenedores	Unidades de carga		
	Maquinaria			

PERSONALES	**Usuario**		
Navieras	Compañías aéreas	Agencia de transporte	Ferrocarriles
Estibadores			

Maquinaria
Transitario
Organismos oficiales

JURÍDICOS

Contrato de transporte
Seguro y responsabilidades
Asociaciones y organizaciones
Normativa internacional

Las mercancías *(commodity)* deben estar preparadas adecuadamente, ya que pasarán por procesos de almacenaje, manipulación y transporte. El correcto marcado y etiquetado, según las normas internacionales, permitirán una fácil identificación y clasificación de las mismas.

El usuario debe conocer el tipo de embalaje a utilizar según sean las características propias de las mercancías (físicas, químicas, etc.), así como el medio de transporte elegido y la duración del mismo.

Las mercancías se clasifican generalmente de la siguiente manera:

> ***Graneles:*** *Cargas homogéneas en forma sólida/líquida/gaseosa.*
>
> Gases: Gas de petróleo y natural.
> Líquidos: Aceites, petróleo y derivados, productos químicos.
> Graneles mayores: Mineral de hierro, fósforos, cereales, etc.,
> Graneles menores: Azúcar, fertilizantes, productos forestales,
>   Minerales no férricos, sulfuros, chatarra, etc.
>
> ***General:*** *Toda la variedad de mercancías, desde materias primas hasta productos de consumo en general.*
> Carga general:
>   • Bienes de equipo.
>   • Productos manufacturados.
>   • Productos alimenticios.
>   • Cargas refrigeradas, etc.

Algunas mercancías poseen determinadas características que, combinadas con las propias del transporte, condicionan y a veces exigen la utilización de una modalidad de transporte específica:

> **De las mercancías:**
> • Valor del producto.
> • Peso y volumen del envío.
> • Urgencia en la entrega.
> • Lugar de entrega.
>
> **Del transporte:**
> • Costo del transporte.
> • Capacidad para transportar.
> • Plazos de entrega.

Veamos algunos sencillos ejemplos de limitaciones condicionantes para la utilización de un modo de transporte concreto:

• Mercancías que por su volumen no pueden utilizar el transporte ferroviario debido a los gálibos y túneles existentes en algunas de las rutas.

• Transporte de especies concretas de animales vivos *(Live Stocks).*

• Transporte de graneles mayores o menores entre continentes y países entre los que no existe comunicación terrestre.

• Mercancías excesivamente delicadas que no toleran movimientos bruscos durante el transporte, ni cambios de temperatura/humedad que pueden alterar o dañar su composición.

• Factores de riesgo en mercancías calificadas como peligrosas.

2.2 Puertos

La definición de puerto ha ido variando a lo largo de los años. Según el artículo 2 de la vigente Ley de Puertos del Estado y de la Marina Mercante (Ley 27/1992, de 24 de noviembre),

> *«Se denomina puerto marítimo al conjunto de espacios terrestres, aguas marítimas e instalaciones que, situado en la ribera de la mar o de las rías, reúna condiciones físicas, naturales o artificiales y de organización que permitan la realización de operaciones de tráfico portuario, y sea autorizado para el desarrollo de estas actividades por la administración competente».*

El artículo 3 de la misma ley precisa lo que hay que entender por "puertos comerciales":

> *«Son puertos comerciales los que en razón de las características de su tráfico reúnen condiciones técnicas, de seguridad y de control administrativo para que en*

ellos se realicen actividades comerciales portuarias, entendiendo por tales las operaciones de estiba, desestiba, carga, descarga, transbordo y almacenamiento de mercancías de cualquier tipo, en volumen o forma de presentación que justifiquen la utilización de medios mecánicos o instalaciones especializadas».

Es decir, los puertos son zonas geográficas naturales o artificiales, situadas en la costa o en la ribera de los ríos navegables, que constituyen un elemento imprescindible en la cadena del transporte por vía marítima.

La elección de un puerto u otro como base de los buques de las compañías navieras depende de su nivel de modernización: medios propios de carga y descarga; servicios tanto para los buques como para las mercancías.

Deberemos distinguir dos zonas dentro de un puerto: la específicamente portuaria, donde se efectúan las operaciones de recepción/entrega y almacenaje de las mercancías, carga y descarga de los buques; y la zona anexa al puerto, donde se agrupan los medios y servicios que permiten un mejor desarrollo operativo de la zona anterior.

Zona 1 - **Específicamente portuaria**

- Operar los buques en todo tiempo o momento.
- Medios mecánicos de carga/descarga.
- Seguridad en sus servicios.
- Capacidad para el almacenaje.
- Tarifas claras y competitivas para el usuario y para el armador.

Zona 2 - **Servicios anexos al puerto**
(Zona de actividades logísticas)

- Centros de almacenaje previos al despacho para consumo.
- Tránsitos a terceros países.
- Facilidades para enlazar con otros medios de transporte (aéreos y terretres, etc.).

Cuando hablamos del *hinterland* de un puerto nos referimos al radio de cobertura y posicionamiento geográfico de un puerto en relación a puntos interiores de la geografía de un país o continente.

El factor distancia de un punto de negocio y consumo importante con un puerto concreto y los costos de transporte para el usuario, delimitan lógicamente el mejor hinterland de un puerto frente a otros. Como ejemplo, podríamos mencionar que tanto Valencia, como Bilbao poseen un mejor hinterland sobre la zona centro de España que el puerto de Barcelona.

Los puertos o *gateways* son zonas geográficas de entrada de las mercancías a un país, para su posterior distribución a un punto interior o a otro país vecino.

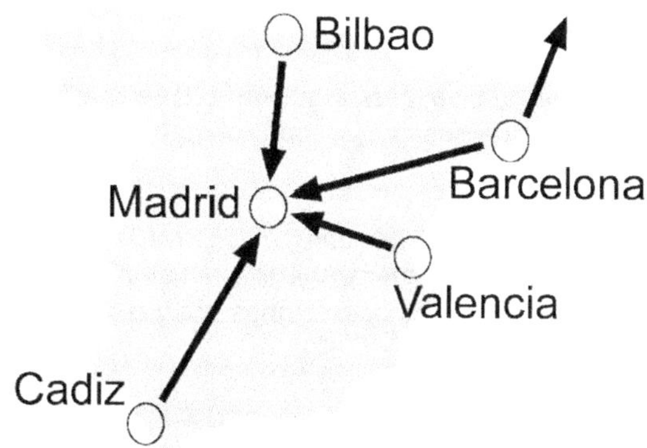

En cada país es habitual la existencia de 1 o 2 *gateways* principales. Los puertos del norte de Europa están considerados como las gateways de la zona centroeuropea. Del mismo modo, los puertos del norte de Italia, Marsella (sur de Francia) y Barcelona, son también las gateways para la zona centro y sur de Europa.

Un puerto **hub** es aquel que, dotado de las infraestructuras necesarias, sirve de conexión y enlace entre diferentes vías de comunicación. Cualquier puerto puede ser un hub de comunicación para varios puntos interiores, aunque se reserva ese distintivo para los grandes puertos que sirven de distribuidores a otros puertos menores y a un extenso *hinterland*.

Las tarifas establecidas por las autoridades competentes, así como las concesiones otorgadas a las empresas privadas (en el caso de estar autorizadas por las legislaciones de los países), proporcionan a los puertos los ingresos necesarios para su funcionamiento y modernización, atrayendo a los diferentes servicios marítimos interesados en el volumen de negocio existente en aquella zona geográfica.

2.3 Aeropuerto/Terminal de Carga

Sin entrar en el detalle de las diferentes zonas de un aeropuerto destinadas al pasaje, zona de aterrizaje, despegue, hangares y aparcamiento de aviones, la **terminal de carga** es aquella destinada a mercancías y servicios. Para el funcionamiento adecuado de la terminal de carga, existen los diferentes circuitos (según se trate de exportación o importación) que reciben, clasifican y almacenan las mercancías.

Hay zonas independientes donde depositar las mercancías de mayor valor económico, así como otras para animales vivos, aunque en ambos casos la permanencia en la terminal sea muy breve. Se ultiman los trámites aduaneros pertinentes y se acondicionan las mercancías en las diferentes unidades de carga (ULD), en función del tipo de avión en el que serán transportadas. Estos circuitos están basados en aspectos propios de cada terminal de carga, tales como:

- Independizar los movimientos y zonas de almacenaje de las mercancías, según sus características.

- Medios mecánicos, más o menos automatizados, para la manipulación de mercancías.

- Zonas dedicadas a consolidar/agrupar las mercancías de las compañías aéreas o agentes consolidadores.

- Plazos límite para el embarque en función del tipo de avión a utilizar, así como el acceso a los mismos.

- Zona específica de control aduanero, agencias de carga y otros servicios.

El control, almacenaje, manipulación y embarque de las mercancías es realizado por el personal propio del aeropuerto, que efectúa todas las operaciones por cuenta de las diferentes líneas aéreas, tanto nacionales como extranjeras.

Las compañías aéreas disponen de personal propio que, paralelamente al personal del aeropuerto, efectúa el seguimiento de sus cargas, control de las reservas **(bookings)** y planificación de los embarques.

Pueden existir acuerdos concretos entre compañías privadas (servicios courier, etc.) y las autoridades aeroportuarias de cada país que, en régimen de concesión, disponen de su propio recinto y personal responsable de todas las operaciones propias de la terminal de carga.

2.4 Almacenes y depósitos

Son zonas donde se depositan las mercancías para su reagrupamiento, previo a la exportación, así como para la recepción de las mercancías de importación y posterior distribución. Ciertos almacenes/depósitos poseen autorizaciones oficiales para efectuar los trámites aduaneros necesarios en el mismo almacén, sin tener que pasar por lo recintos oficiales de las aduanas.

Estos almacenes están conectados directamente con el ordenador de la aduana, notificando la entrada de las mercancías y creando los documentos necesarios para su control según sean de exportación/importación. Se clasifican de la siguiente manera:

RA (Receptor autorizado)
Las mercancías de importación se despachan directamente a consumo en este almacén. Pueden permanecer depositadas sin efectuar los trámites aduaneros durante 20 días, sin realizar el despacho de importación, pago de los aranceles y otros impuestos. Transcurrido este plazo, las mercancías deberán depositarse/trasladarse al recinto aduanero oficial, o bien a un depósito aduanero público.

DAP (Depósito aduanero público)
Al igual que el RA y el EA, en éste se pueden realizar todos los trámites y gestiones aduaneras necesarias. A diferencia del RA, este almacén/depósito está autorizado para que las mercancías puedan permanecer por tiempo ilimitado. La clasificación DAP tipo "A", no autoriza el almacenamiento de tabaco ni bebidas alcohólicas.

EA (Expedidor autorizado)
Las mercancías depositadas en almacenes con esta autorización pueden ser despachadas de exportación, mediante el sistema de información directa con la aduana.

2.5 Estaciones/Terminales
Las estaciones y terminales ferroviarias, al igual que los aeropuertos y puertos, disponen de las diferentes zonas de manipulación, almacenaje y clasificación para las mercancías que utilizan esta modalidad de transporte internacional, disponiendo también de los diferentes servicios y depósitos aduaneros. A diferencia del resto de las modalidades de transporte internacional, el ferrocarril ofrece la posibilidad, según el perfil del usuario, de disponer de estaciones o apartaderos propios donde puede acceder el ferrocarril.

2.6 Buques
Como medio de transporte, el buque permite satisfacer las necesidades del mercado internacional, ofreciendo gran capacidad de carga a un bajo coste, comparado con otros medios de transporte, así como unidades especialmente construidas para el transporte de mercancías específicas.

Un buque moderno requiere, básicamente, de una sala destinada al control de la navegación (puente); de una zona habilitada para la vida de la dotación (capitán, oficiales y tripulación); de una sala de máquinas que aloja los distintos motores, generadores, depósitos de combustible e instalaciones necesarias para la propulsión y servicios del buque; de tanques de lastre y de bodega/s o tanques de carga, según el tipo de construcción.

A continuación relacionamos los tipos más comunes de buques en servicio actualmente y las mercancías que habitualmente transportan:

- **Tanque *(Tankers)***
  Butaneros *(Liquid Petrol Gas)* y metaneros *(Liquid Natural Gas)*, gases licuados, químicos, etc.

- **Petroleros *(Crude Oil Carriers)***
  Transporte de petróleo crudo, VLCC *(Very Large Crude Carriers)*, buques de más de 300.000 tpm.

- **Mineraleros** *(Ore Carriers/Bulk Carriers)*
  Transporte de minerales y cereales.

- **Convencionales** *(Single and Tween Deck)*
  Buques para todo tipo de carga general; pueden tener una o varias cubiertas y bodegas.

- **Carga rodante** *(Ro-Ro Vessel - Roll On-Roll Off)*
  Buques utilizados para la carga de mercancía rodante (automóviles, camiones, etc.). Poseen una rampa en la parte de popa para el acceso de las mercancías. Estos buques pueden combinar la carga rodante con la carga de contenedores en bodega y cubierta. Los buques denominados *Car-Carrier*, son buques del tipo Ro-Ro utilizados en el transporte exclusivo de automóviles.

- **Portacontenedores** *(Container Vessel - Celular Vessel)*
  Algunos buques convencionales se acondicionan para el transporte de contenedores. Los llamados buques polivalentes pueden combinar la carga convencional y el contenedor. Los buques portacontenedores llamados celulares son aquellos diseñados y utilizados exclusivamente en la carga en contenedores.

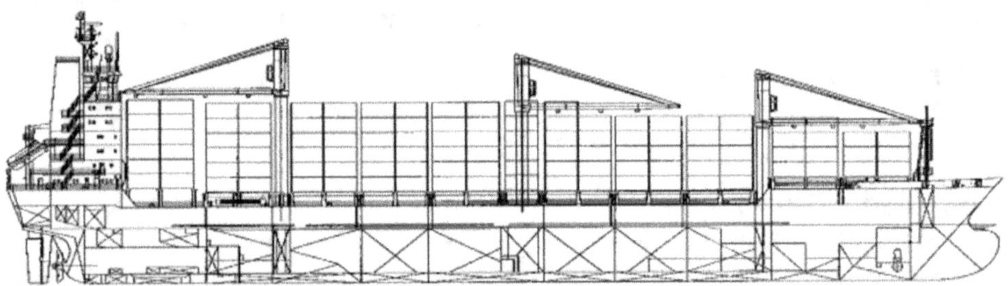

- **Pasaje/Carga rodante** *(Ferry)*
  Utilizados para pasaje y carga rodante.

- **Bultos pesados** *(Heavy Lift Ship)*
  Utilizados en el transporte de piezas con medidas o pesos muy especiales.

- **Buques porta barcazas/Gabarras** *(LASH - Light Aboard Ship)*
  Buques especialmente concebidos para el transporte de barcazas/gabarras. Para la carga de las gabarras, los buques disponen a bordo de grúas tipo LASH y compuertas tipo BACO, para la carga en bodega. La mercancía es transportada en las gabarras/barcazas desde zonas geográficas concretas, o puntos interiores de un país, hasta la desembocaduras de ríos donde son embarcadas en estos buques.

El **tonelaje de registro/arqueo** de un buque es un número abstracto (en contra de lo que parecer indicar su nombre, no son toneladas ni metros cúbicos) utilizado para fines fiscales y de tasas, que pretende medir el espacio comercial útil de un buque. El arqueo se calcula de acuerdo con las disposiciones del Convenio Internacional sobre Arqueo de Buques, firmado en Londres el 23 de junio de 1969 y publicado en el BOE de 15 de septiembre de 1982.

El **desplazamiento** de un buque, en toneladas métricas, es el equivalente al peso del volumen del líquido desalojado, el peso del agua que desplaza puesto a flote. Naturalmente, es posible distinguir distintos desplazamientos.

El **peso muerto** *(Dead Weight, DWT)* de un buque refleja de forma aproximada la capacidad de carga de dicho buque. Para calcularlo basta con restar del desplazamiento en máxima carga el desplazamiento en lastre: el resultado es el peso muerto del buque en cuestión.

Los buques han de llevar claramente marcado en las bandas de babor y estribor, según el Convenio Internacional de Líneas de Carga, el llamado disco Plimsoll, cuyo centro señala el calado máximo de verano, y las diferentes marcas del calado máximo admisible en función de la época del año y las aguas por las que el buque haya de navegar (calado tropical, en agua dulce, en invierno, etc.).

Cuando hablamos de buques de **bandera de conveniencia** *(Flags of Convenience)* nos referimos a aquellos matriculados en países del tercer mundo y de escasa tradición en transporte marítimo (Liberia, Panamá, Honduras, Chipre, etc.), los cuales ofrecen sus registros marítimos en condiciones legales extraordinariamente ventajosas para los armadores: régimen de paraíso fiscal; libertad absoluta de mercado laboral; normativa social y de seguridad escasa y de fácil incumplimiento; etc. En estas condiciones, el armador ve reducidos sus costes de explotación en una proporción muy estimable.

Ello, unido a la liberalización de los mercados, más acusada si cabe en una actividad internacional *per se*, ha propiciado un espectacular incremento de las flotas abanderadas bajo esos pabellones y una drástica reducción paralela de los buques matriculados en los países tradicionales. El país de la bandera de conveniencia no posee apenas ningún control sobre la flota que ondea su pabellón, puesto que los armadores mantienen sus oficinas en los centros operativos tradicionales (Londres, Nueva York, Hamburgo, Génova,...); fuera, por tanto, de los países que acogen sus buques bajo su bandera.

Las características de cada mercado, así como los medios existentes en los diferentes puertos, condicionan la utilización de tipos específicos de buques. La moderna construcción naval se esfuerza por ofrecer modelos de óptima capacidad, en función del tipo de mercancía que deberá transportar y teniendo en cuenta las disposiciones de seguridad de los convenios internacionales en vigor, especialmente el Convenio Internacional para la Seguridad de la Vida Humana en el Mar, conocido por su acrónimo inglés *SOLAS (Safety Of Life At Sea);* y el Convenio Internacional para Prevenir la Contaminación Marina desde Buques, el conocido convenio MARPOL. Abstracción hecha de los buques tanque y *bulk carriers,* el tipo de buque más utilizado para el transporte de carga general es el buque portacontenedores.

2.7 Aviones

Según sean las características de utilización, construcción y estrictas medidas de seguridad, el avión esta más que otros medios de transporte limitado en su capacidad de carga.

A excepción de aquellas unidades **(cargueros)** dedicadas exclusivamente al transporte de mercancías, los aviones de línea regular, según sea el modelo y su ruta, pueden estar limitados en capacidad para el transporte de mercancías, dando siempre prioridad al pasaje. El peso máximo de despegue no excederá del total de la suma de los pesos del avión en vacío, el pasaje, la carga y el combustible.

Por estos motivos la capacidad destinada a las mercancías será limitada, en función del pasaje, el equipaje de mano y el combustible, según las horas de vuelo del avión. Por sus características para el transporte, los aviones se clasifican en:

- **Mixto**
  Para transporte de pasaje en cabina y mercancía en la bodega de carga.

- **Combi**
  Puede combinar el transporte de pasaje y carga en cabina, así como la carga en bodega.

- **Carguero**
  Avión utilizado exclusivamente para el transporte de mercancías, tanto en cabina como en bodega. No todas las compañías disponen de unidades de carga frontal. Habitualmente se utilizan los de acceso lateral.

Existen dos tipos de aviones que limitan claramente su capacidad de carga y se clasifican como aeronaves de:

- **Fuselaje estrecho** *(NW - Narrow Body)*
  La amplitud del fuselaje es de 3 m aproximadamente. Utilizados en la carga suelta, a excepción del Airbus A320, que acepta carga contenerizada.

- **Fuselaje ancho** *(WB - Wide Body)*
  La amplitud del fuselaje no es inferior a 4,72 m. Utilizados para mercancía contenerizada o paletizada.

A las diferentes zonas de carga del avión se les denomina:

- **Cabina (cubierta principal)**
  Destinada a transporte de pasaje y carga cuando se utiliza un avión combi o carguero.

- **Bodega de carga (cubierta inferior)**
  Destinada al transporte de mercancías.

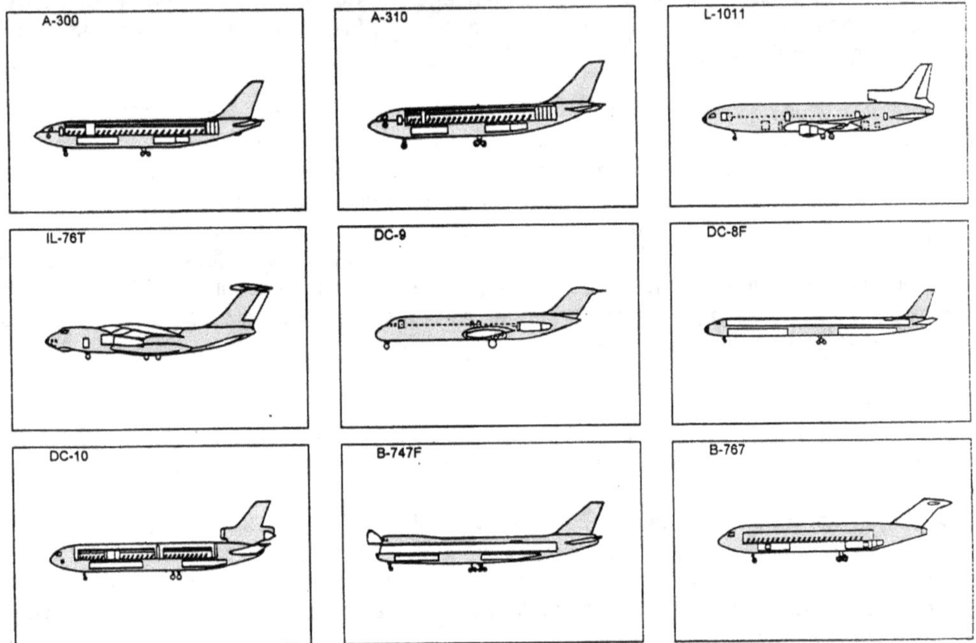

Principales modelos de aviones utilizados.

Actualmente son muchos los modelos existentes, así como las diferentes versiones en su configuración interna, pudiendo variar considerablemente en sus características de capacidad de carga, volumen y diferentes tipos de ULD.

Citamos algunos de los aviones más utilizados en el transporte internacional de mercancías:

- **Airbus A-300**
  Avión de fuselaje ancho que combina el pasaje y la carga. El peso máximo de carga es de 10.000 kg y 55 m³. Las dimensiones de las puertas de carga son 171 x 243 cm.

- **Boeing B-747**
  Avión de fuselaje ancho que combina pasaje y carga. Carga máxima de 16.000 kg y 143 m³, aproximadamente. Dimensiones de las puertas de carga, 264 x 173 cm.

- **Boeing B-747F**
  Avión carguero (CAO) de fuselaje ancho, con capacidad para 90.000 kg y 600 m³ de mercancías. Dimensiones de las puertas de carga, 244 x 345 cm y 312 x 340 cm. Actualmente se está haciendo entrega de los nuevos modelos 747-400 F, con capacidad para 124 t y 4.400 millas náuticas de autonomía.

- **Antonov AN 124-100 Ruslan**
  Este es el avión con mayor capacidad de carga que existe actualmente (150.000 kg y 750 m³). Se utiliza para el transporte de ULD y para piezas especiales de gran volumen, dado que dispone de grúas puente propias para efectuar la carga por la parte frontal del carguero.

2.8 Vehículos

Los vehículos utilizados para el transporte de mercancías por carretera, según sean su capacidad de carga, medidas y mercancías a transportar, se clasifican en:

- **Vehículos ligeros**
  Aquellos cuyo peso máximo autorizado (PMA) no exceda de 6 t o que la carga útil no sea superior a 3,5 t.

- **Vehículos pesados**
  Aquellos con peso máximo autorizado (PMA) superior a 6 t o con carga útil superior a 3,5 t.

Se denomina CU (carga útil) de un vehículo al peso de la carga que puede transportar. Todos los vehículos llevan indicado en lugar visible el:

- **PMA (Peso máximo autorizado)**
  Peso del vehículo más el peso máximo de carga a transportar.

- **Tara (Tara del vehículo o peso muerto)**
  Peso del vehículo sin carga.

Para el transporte internacional por carretera, generalmente se utilizan los denominados **vehículos pesados**, según relacionamos a continuación:

- **Camión fijo**
  Vehículo de estructura rígida con dos o tres ejes.

- **Tractor**
  Vehículo de dos o tres ejes, concebido para arrastrar remolques y semirremolques. Esta provisto de un sistema de enganche llamado "quinta rueda".

- **Remolque**
  Vehículo concebido para circular arrastrado por un camión fijo o un vehículo tractor.

- **Semirremolque**
  Vehículo remolque sin eje delantero y equipado con un sistema de enganche que puede ser acoplado a un vehículo tractor.

- **Cisterna**
  Vehículo construido especialmente para el transporte de líquidos a granel o gases licuados.

- **Tren de carretera**
  Lo forman un vehículo articulado y un remolque.

Las características de los vehículos y pesos máximos autorizados para el transporte nacional e internacional por carretera se delimitan como sigue:

Para los vehículos frigoríficos, la anchura máxima es de 2,60 m.

	Dimensiones máximas (m)			Peso máximo de la carga (t)		
	Longitud	*Anchura*	*Altura*	*2 ejes*	*3 ejes*	*4/6 ejes*
Camión fijo	12	2,55	4	20	24	—
Articulados	16,50	2,55	4	—	—	40
Tren de carretera	18,35	2,55	4	—	—	44

Para el transporte de piezas o mercancías que en medidas o peso sobrepasen los máximos autorizados, es preciso solicitar permisos especiales en los que se especifican: el numero de ejes del vehículo en función de las toneladas a transportar; rutas a seguir y horas previstas de conducción, si fuera necesario. Todos los vehículos llevan instalado un **tacómetro,** instrumento que permite controlar la actividad realizada por éste. El tacómetro está provisto de:

- **Interruptores de grupos de tiempo**
  Indican el tiempo de conducción, tiempos de trabajo, tiempos de descanso, etc.

- **Velocímetro**
  Indica la velocidad a la que circula el vehículo.

- **Cuenta kilómetros.** Indica los kilómetros recorridos por el vehículo en cada jornada. Existen normativas homologadas de fabricación, instalación y utilización de estos aparatos. Los últimos modelos en el mercado incluyen indicadores de las revoluciones del motor, consumo aproximado de gas-oil, así como indicador de alerta en el caso de sobrepasar los tiempos máximos autorizados de conducción. Toda la actividad del vehículo (marcha, parada, etc.), se registra en unos discos de papel-cartón, que tienen una duración de 24 horas.

- **Cajas móviles**
  Uno de los grandes problemas del transporte lo constituye la compatibilidad (es decir, la incompatibilidad) de las unidades de carga utilizadas en los distintos modos de transporte (buque, ferrocarril, camión). Problema acuciante ante las políticas comunitarias que pretenden impulsar la intermodalidad del transporte a fin de reducir o mitigar el crecimiento del uso del camión.

Una de las soluciones de mayor éxito en el camino de la intermodalidad son las cajas móviles, unidades especialmente diseñadas para ser transportadas por carretera y por ferrocarril. Sus características principales incluyen una mayor capacidad de carga en comparación a los camiones y contenedores estándar. Una de las últimas unidades, denominada Mega Combi, tiene una altura interior útil de 3 m y una capacidad para 97 m³ de mercancías.

2.9 Locomotoras

Las locomotoras o material de tracción actuales funcionan con energía eléctrica o diesel, según de donde tomen la energía necesaria, de la catenaria o de un motor diesel. En Europa se utilizan habitualmente las eléctricas por ser mas económicas y, la vez, ecológicas, salvo en aquellas zonas donde no existe tendido eléctrico.

La capacidad o potencia de arrastre pueden variar dependiendo de las características de las locomotoras y de la posibilidad de utilizarse varias locomotoras conjuntamente, aumentando considerablemente la potencia de arrastre.

De la potencia de arrastre máxima dependerá el números de unidades (vagones) a transportar y del peso total de los mismos. Generalmente, en España se mueven trenes transportando de 500 a 800 t. En el resto de Europa pueden llegar a transportar hasta las 1.000 a 1.200 t.

2.10 Vagones

Al igual que en otros medios de transporte, existen diferentes tipos de vagones o material remolcado para ser utilizados en función de las mercancías a transportar. Los datos de pesos máximos y capacidad están debidamente identificados en todas las unidades. Aproximadamente, el peso máximo por eje a transportar es de 20 t, incluyendo la tara del vagón. Los más comunes son:

- **Cerrado**
  Utilizado en el transporte de carga general, paletizada y paquetería.

- **Abierto**
  Mercancías diversas y piezas que precisen cargarse por el techo.

- **Tolva**
  Transporte de minerales a granel.

- **Plataforma**
  Existen diferentes modelos y pueden combinarse en el transporte de automóviles, material pesado, contenedores, cajas móviles, etc. Aquellos dedicados al transporte de contenedores y cajas móviles están provistos de sistemas de enganche especiales.

- **Porta-vehiculos**
  Vagones especiales para el transporte de vehículos automóviles.

- **Góndola**
  Utilizados en el transporte de piezas que por sus medidas especiales de altura puedan sobrepasar los límites máximos establecidos.

Las principales características de los vagones mencionados son:

Tipo de vagón	Medidas interiores (m)			Carga	Capacidad	Velocidad
	Ancho	Largo	Alto		(m^3)	(km/hora)
Cerrado	2,64	12,73	2,84	23,92	73	100
Cerrado	2,60	19,76	2,90	50	137	—
Cerrado	2,65	12,55	2,85	56	89	—
Tolva	2,88	10,60	—	50	23	100
Cisterna	2,88	13,36	—	55	81	100
Porta-vehículos	2,81	25,50	—	15	—	160
Plataforma	2,10	18,66	—	60	—	120

2.11 El contenedor

La incorporación del contenedor como unidad de carga en el transporte marítimo se inició en los años 50. Constituye unidades estancas que protegen a las mercancías de las condiciones climatológicas del exterior y que están fabricadas mayoritariamente de hierro, aluminio y material aislante, de acuerdo con la normativa ISO (*International Standardization Organization*).

Para su identificación, los contenedores llevan de manera permanente y en lugar visible los datos de identificación del armador o compañía propietaria, marcas y números, tara, peso máximo de carga y volumen, número de fabricación y otros datos. Todo ello de acuerdo con lo dispuesto en el Convenio Internacional sobre Seguridad de los Contenedores, firmado en Londres el 2-12-1972.

Prescindiendo del tipo de carga para el que se vayan a utilizar, se delimitan (por sus medidas exteriores) en 20' y 40' de largo, 8' de ancho, y pueden variar la altura del mismo entre 8'', 8,6'' y 9,6''. Se denomina **TEU** *(Twenty Foot Equivalent Unit)* a la unidad de carga equivalente al contenedor de 20 pies.

El contenedor de 40 pies es equivalente a dos Teus (2 unidades de 20'). Esta unidad se toma como base para calificar los diferentes tipos de buques portacontenedores según su capacidad en Teus.

Antes de proceder al llenado de los contenedores debe revisarse que la unidad esté en perfectas condiciones de utilización, libre de abolladuras y agujeros que posteriormente puedan producir desperfectos en las mercancías.

Para un adecuado llenado de las mercancías en el contenedor se debe efectuar el chequeo y revisión de las mismas, una correcta distribución del peso en el interior del contenedor, el trincaje de las mercancías cuando por sus características sea necesario, la comprobación de posibles incompatibilidades entre productos químicos en el caso de existir varios, así como respetar las limitaciones de peso máximo de carga aceptado por la unidad.

La facilidad que se ofrece al exportador e importador de entregar y recibir las mercancías en los propios almacenes, minimizando el riesgo de averías en la manipulación, así como pérdidas o robos, han aumentado considerablemente la utilización del contenedor.

Paralelamente a la utilización del contenedor cerrado para carga general, se han ido incorporando diferentes tipos de unidades adecuadas para el transporte de mercancías específicas, tales como refrigeradas, graneles, y aquellas que por sus dimensiones no puedan ser acondicionadas en contenedores cerrados. Detallamos los tipos de contenedor habitualmente utilizados en el transporte marítimo:

- **Carga general** *(Dry Van-General Purpose-Box)*
  Unidad cerrada para carga general, el contenedor más comúnmente utilizado.

- **Techo-Lateral abierto** *(Open Top-Open Side)*
  Unidad utilizada habitualmente para mercancías cuyas medidas excedan la altura máxima del contenedor estándar, o para aquellas mercancías que por sus características deban ser cargadas en el contenedor por el techo o laterales del mismo.

- **Bastidor** *(Flat-Rack)*
  Unidad sin techo ni laterales, utilizada para el transporte de mercancías que excedan las medidas del contenedor cerrado, tanto en alto como en ancho.

- **Plataforma** *(Platform-Bed)*
  Unidad utilizada para mercancías de similares características que el anterior pero totalmente plano, sin laterales ni frontales.

- **Tanque - Flexible** *(Tank-Flexi)*
  Unidad cisterna de acero y aluminio. Existen también los llamados Flexi, que son bolsas que se ajustan al interior del contenedor cerrado, para el transporte de líquidos.

- **Isotérmico** *(Insulated-Con Air)*
  Unidad construida con material aislante que limita el paso del calor. Estas unidades pueden ir directamente conectadas a sistemas de refrigeración del buque, así como a unidades autónomas de frío.

- **Frigorífico** *(Reefer)*
  Unidad isotérmica provista con dispositivos propios de producción de frío.

- **Ventilado** *(Ventilated)*

  Unidad con aperturas u orificios en los laterales que permiten la ventilación interior.

- **Granel** *(Bulk)*

  Unidad cerrada con tomas en el techo del mismo, para efectuar su llenado, y orificios en la puerta para su vaciado.

- **Extra alto** *(High Cube)*

  Unidad con altura adicional (9'6'') que proporciona mas capacidad interior que la del contenedor estándar de 8'6''.

CONTENEDORES

PIES ➡		20'			40'		
Medidas exteriores	pies	20'	8'	8.6'	40'	8'	8.6'
		Largo	*Ancho*	*Alto*	*Largo*	*Ancho*	*Alto*
Medidas interiores	metros	5,9	2,3	2,4	11,8	2,3	2,4
Medidas puerta	metros		2,1	2,4		2,1	2,4
Medidas exteriores	metros	6	2,45	2,55	12	2,45	2,55
Tara			2.200 kg			4.000 kg	
Carga máxima			22/30.000 kg			22/30.000 kg	

(Primeros contenedores en los años 50.

En España en los años 60.)

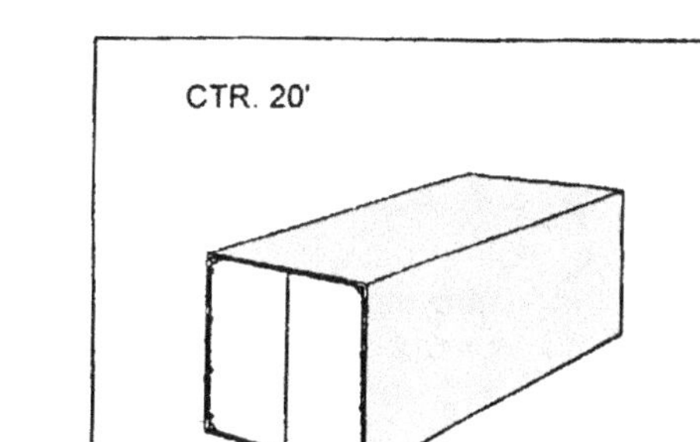

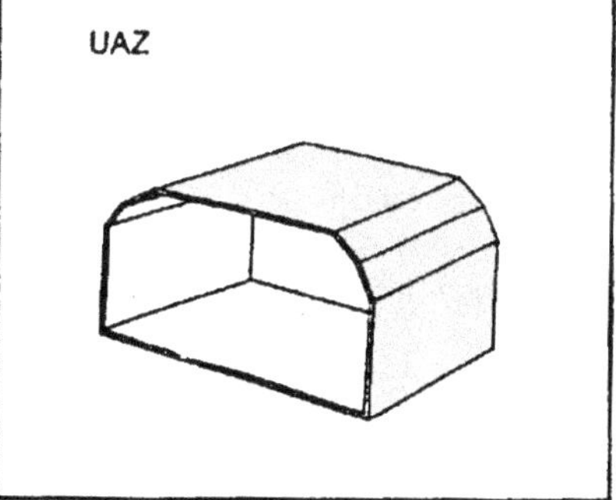

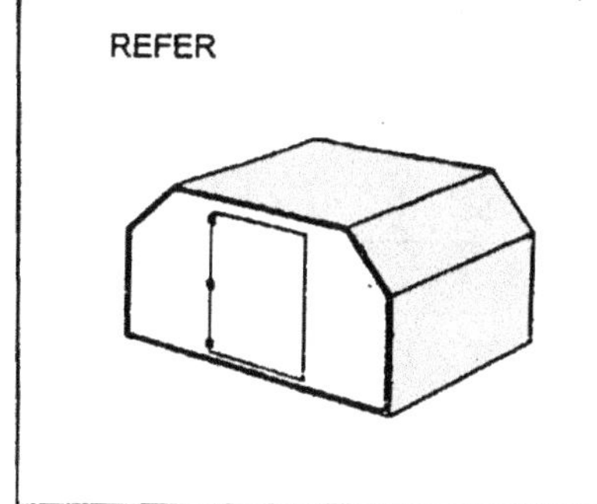

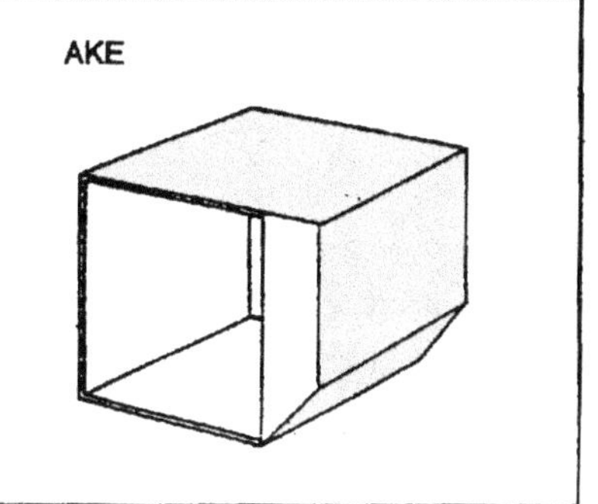

Contenedor standard de 20' y diversos modelos de ULD.

2.12 Elemento de carga *(ULD - Unit Load Device)*

La necesidad de aprovechar al máximo el espacio disponible en el avión, así como de reducir el tiempo y el coste de embarque de las mercancías, obligó a IATA a la normalización de unidades o elementos de carga específica para este medio de transporte.

Al igual que los contenedores utilizados en la carga marítima, las ULD están identificadas con códigos según su categoría y la compañía a la que pertenecen. A diferencia de las utilizadas en el transporte marítimo, estas unidades han sido fabricadas en función de las bodegas de carga de los diferentes modelos de avión.

Dos aspectos de las ULD durante los procesos de carga y descarga en una terminal aeroportuaria.

Existen tres tipos más generalizados: contenedores, paletas e *igloos*. Partiendo de estos tres tipos base, se multiplica el número de variantes según sean los modelos de avión en los que se van a transportar. Existen sistemas autónomos de inyección de nitrógeno liquido que, acoplados a las ULD, proporcionan el frío necesario durante el viaje a aquellas mercancías que tengan que transportarse a temperaturas por debajo de los 0º. Las ULD se denominan:

- **Dispositivos avión**

  Unidades ULD que se acoplan perfectamente a la estructura del avión, facilitando las operaciones de carga y descarga rápida, así como seguridad en el transporte.

- **Dispositivos no-avion**

  Aquellas unidades de carga que no se acoplan a la estructura del avión.

ULD más utilizados (características)			Medidas (mm)		
Tipo de ULD	*Código ID*	*Volumen*	*Ancho*	*Largo*	*Alto*
Contenedor	AGA/20'	33,25	2.438	6.058	2.438
Contenedor	AMA/10'	17,16	2.438	3.175	2.438
Contenedor	AK	3,70	1.531	1.562	1.626
Paleta	PK	3,70	1.534	1.562	1.626
Paleta	PA	13,03	2.235	3.175	1.626
Igloo	UA	14,33	2.235	3.175	2.235

Uno de los factores de mayor importancia para la seguridad del avión es la operación de fijar todos los ULD en las bodegas correspondientes. Existen **elementos de fijación** *(Tie Down Equipment),* que aseguran adecuadamente los ULD a la bodega/estructura del avión.

2.13 Maquinaria

Para la manipulación de las diferentes mercancías y unidades de carga (contenedores/ULD), existe la maquinaria adecuada para cada medio de transporte. Citaremos algunas de las máquinas más utilizadas:

- **Traspaletas.** Pequeñas carretillas manuales, generalmente utilizadas en almacenes.

- **Carretillas de uñas *(Fork-lift).*** Son carretillas generalmente utilizadas en el manejo de mercancía paletizada, cajas, bobinas, etc., comúnmente llamadas «toros».

  Existen diferentes tipos y tamaños a las que pueden acoplarse otros sistemas de sujeción, permitiendo su utilización en la manipulación de diferentes tipos de mercancías e incluso contenedores. Recepción, entrega, almacenaje, carga y descarga.

- **Cintas mecánicas.** Utilizadas en la carga y descarga de minerales, cereales, etc.

- **Chuponas neumáticas.** Se utilizan para la descarga de cereales y minerales ligeros, mediante un sistema de succión.

- ***Straddle Carrier.*** Son unidades/grúa autónomas que manipulan los contenedores dentro del recinto portuario.

- ***Trastainer.*** Grúas puente de desplazamiento horizontal y vertical que se utilizan para recoger y apilar contenedores.

- ***Gantry Crane.*** Son grúas especialmente diseñadas para la carga y descarga de contenedores de los buques portacontenedores. Pueden llegar a conseguir rendimientos muy elevados al disponer de sistemas informáticos automatizados.

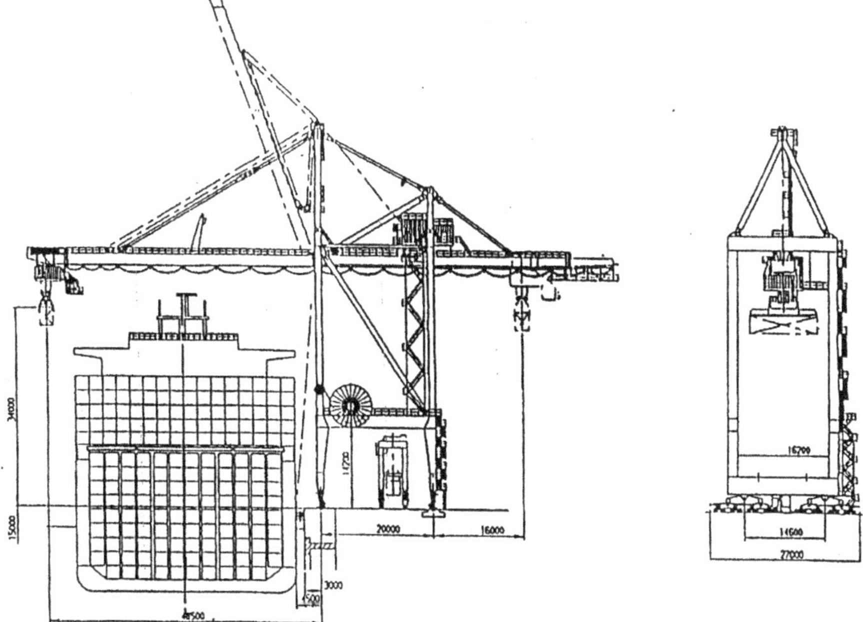

A punto para iniciar la descarga en plena noche.

Todas las unidades utilizadas en la manipulación de contenedores están provistas de un bastidor fijo o telescópico, llamado **spreader,** que sujeta al contenedor mediante un sistema de giro mecánico **(Twist-Lock)** situado en las cuatro esquinas. Este mismo sistema de cierre se utiliza manualmente para la sujeción de los contenedores transportados en camiones plataforma.

Los buques disponen de diferentes elementos para efectuar el enganche/trincaje de los contenedores a bordo, con el fin de sujetarlos entre sí y evitar el desplazamiento o caída de las unidades durante la travesía marítima, al formar bloques compactos en las diferentes bodegas o bahías.

- **Cinta transportadora.** Utilizada en el embarque de mercancía suelta en buques o aviones.

- **Transportador y carro porta-planchas.** Unidades utilizadas para transportar contenedores/ULD y paletas, provistas de rodillos deslizantes.

- **Plataforma elevadora.** Vehículo auto-propulsado que recibe la ULD, lo eleva mediante un sistema de tijeras hasta alcanzar la altura de la bodega de carga del avión. La ULD se desliza por los rodillos de la plataforma hasta el interior de la bodega.

- **Grúa puente.** Estas grúas son utilizadas para la carga y descarga de contenedores de los vagones, en las terminales de ferrocarril. Son de uso habitual en talleres y almacenes, para la manipulación de piezas de gran volumen o peso.

3. ELEMENTOS PERSONALES

Citaremos algunos de los elementos personales más directamente relacionados con el transporte internacional, así como una explicación de sus funciones más destacadas.

3. 1 Usuario *(Merchant)*

Es el embarcador o receptor de una mercancía, el comerciante exportador o importador que utiliza el transporte internacional en la compra y venta de mercancías. Dependiendo de su estructura y conocimientos sobre el transporte internacional, el usuario organiza sus propias exportaciones o contrata los servicios de empresas especializadas.

3.2 Armador *(Shipowner)*

Propietario real de un buque, registrado a su nombre, que lo acondiciona y pertrecha para su navegación. Puede explotar el buque utilizándolo en diversos servicios o alquilarlo (fletamento) bajo contrato de diversos tipos, por tiempo determinado, por viaje, etc.

3.3 Fletador *(Chartering Agent)*

Persona física o jurídica que alquila (fleta) un buque para su explotación en la manera que estime conveniente. El fletador y el propietario real del buque establecen los convenientes contratos que convierten al fletador en el transportista efectivo ante los cargadores.

3.4 Transportista *(Carrier)*

Persona física o jurídica (armador o fletador) que explota un buque, generalmente en régimen de línea regular.

3.5 Consignatario de buques *(Shipping Agency)*

Representante del armador o del fletador del buque en el puerto. Realiza todas las gestiones necesarias para el despacho documental frente a las autoridades locales, da atención a la tripulación y al buque, así como los suministros que precise, etc. El consignatario, por cuenta del armador, negocia, gestiona, liquida los fletes y gastos ocasionados por las mercancías. Firma los conocimientos de embarque de las mercancías de exportación y recibe los conocimientos canjeables por las mercancías descargadas de importación. Las responsabilidades del consignatario son limitadas en cuanto se refiere al incumplimiento de sus representados, siempre y cuando actúe con diligencia en su gestión, mostrando la información y cuentas adecuadas. También puede negociar por cuenta del armador con empresas estibadoras las tarifas correspondientes a la manipulación de mercancías en el puerto y la carga/descarga del buque.

3.6 Estibador *(Stevedoring)*

Empresa que efectúa las operaciones de manipulación de las mercancías en tierra, carga y descarga de los buques. Habitualmente es contratada por los agentes del armador/fletador. Pueden existir contrataciones directas entre armador/fletador e incluso el propio exportador en los casos de embarques excepcionales (fletamentos, cargas especiales, etc.).

La empresa estibadora dispone de la maquinaria y equipos necesarios para la manipulación de las mercancías, utilizando los servicios de los trabajadores portuarios (organizaciones de trabajadores portuarios, OTP) bajo contratación en los censos oficiales.

3.7 Autoridades competentes

Son las autoridades aduaneras y organismos oficiales de inspección, sanitarios y policía de aduanas, que intervienen en la tramitación de los diferentes documentos relativos a la exportación e importación, autorizando la entrada o salida de las mercancías, así como las inspecciones necesarias para evitar el fraude fiscal y el contrabando en los diferentes puntos fronterizos, puertos, aeropuertos y aduanas. Las autoridades marítimas de la zona geográfica correspondiente son informadas de todos los movimientos de buques.

3.8 Autoridad portuaria *(Port Authority)*

Es la autoridad que regula las diferentes actividades de un puerto, asignando las zonas de almacenaje para las mercancías y los muelles de atraque para los buques, estableciendo las tarifas de los diferentes servicios que se ofrecen, etc. Igualmente interviene los servicios de prácticos, remolcadores, provisionistas de buques, empresas de control e inspección, etc.

En las modalidades de transporte aéreo y ferrocarril, existen autoridades propias y empresas de servicios que ejercen similares controles y actividades en los aeropuertos y estaciones ferro-viarias.

3.9 Agente de aduanas *(Customs Agent)*

Es la persona física o jurídica, facultada por la Dirección de Aduanas para tramitar la documen-tación necesaria en los despachos de exportación e importación de las mercancías, así como efectuando los pagos de aranceles, impuestos, obtención de licencias, certificados, etc., frente a las autoridades aduaneras, por cuenta del usuario, exportador o importador.

El **despacho de aduana** es el proceso por el cual el agente de aduanas, por cuenta del exportador o importador, obtiene las autorizaciones necesarias de la Hacienda pública (a través de la aduana) para la exportación/importación de las mercancías.

3.10 Transitario *(Freigth Forwarder)*

La figura del transitario se ha ido consolidando paralelamente al desarrollo de los países y de la evolución de los diferentes medios de transporte.

Actúa de intermediario entre el exportador/importador y las compañías de transporte interna-cional, ofreciendo sus servicios como especialista en todas las modalidades de transporte, tal y como iremos viendo en los diferentes apartados.

Los conocimientos en la evolución y desarrollo del transporte, los cambios existente en los diferentes mercados, los acuerdos con compañías de transporte, tarifas propias, etc., permiten al transitario establecer claramente los parámetros del transporte en **servicio, costo y tiempo.** Como organización puede ofrecer al usuario asesoramiento y servicio al disponer de:

- Logística adecuada.
- Recursos propios (financieros y estructurales).
- Metodología sobre la organización del transporte.
- Organización local e internacional.
- Formación técnica sobre todas las modalidades de transporte.

El transitario como empresa de servicios en el transporte internacional, puede ser agente IATA, especialista en el transporte de carga aérea, agente consolidador en todas las modalida-des de transporte, agencia de transporte por carretera y operador de transporte multimodal.

Con la contenerizacion de las mercancías se ha ido creando la imagen del transitario como **consolidador** y/o **NVOCC** *(Non Vessel Operator Commom Carrier),* en el transporte marítimo. La imagen del transitario está oficialmente regulada en la mayoría de los países y sus funciones están claramente definidas en el comercio internacional.

3.11 Agente IATA

A través de estas agencias y agentes se canaliza entre el 80 y el 90 % del tráfico mundial. Fue en 1945, cuando los agentes de carga aérea, con las estructuras que ahora conocemos, empeza-ron a funcionar como tales. Actualmente son mas de 3.000 las agencias afiliadas en todo el mundo que cumplen los requisitos establecidos por IATA.

Para adquirir el registro IATA, el solicitante debe facilitar evidencia de su habilidad para desa-rrollar el negocio de la carga aérea.

Es necesario disponer de los recursos económicos, físicos y materiales necesarios para dedicarse a la comercialización de esta modalidad de transporte internacional, así como al manejo de mercancías, documentos y otros aspectos relacionados. Debe tener en la empresa a dos empleados titulados en Transporte Aéreo de Mercancías Peligrosas y dos titulados en el Curso de Introducción IATA/FIATA.

Su principal función es la de colaborar con las líneas aéreas, actuando como intermediario entre el embarcador y éstas, efectuando por cuenta de las mismas la promoción y captación de cargas para este medio de transporte. Está autorizado para cumplimentar toda la documentación necesaria de los envíos, así como la gestión de cobro de los fletes aéreos por cuenta de las líneas aéreas.

La gama de servicios que ofrecen algunos agentes IATA pueden variar significativamente. Desde los específicos de la pequeña empresa de ámbito local, hasta las grandes empresas con sucursales o corresponsales en todo el país, o con una red que abarca la totalidad del mercado mundial, ya que generalmente son empresas transitarias dedicadas al transporte internacional en sus diferentes modalidades. Según su estructura, estos agentes comercializan su propio servicio de cargas completas y consolidación.

3.12 Agente IATA - Consolidador

El **expedidor de carga-consolidador** es aquel expedidor especializado en envíos aéreos por el sistema de agrupamiento o consolidación de mercancías.

Generalmente dispone de oficinas propias o corresponsales en los diferentes países. Gracias a esta colaboración puede desarrollar y ofrecer los servicios de puerta a puerta a los exportadores, importadores y usuarios del transporte aéreo.

3.13 Agencia de transportes

La agencia de transportes interviene en la contratación del transporte internacional realizando la gestión y organización del mismo. Puede desarrollar su actividad contratando los medios de transporte que necesite, ya que no es condición indispensable para efectuar esta gestión disponer de vehículos propios. Actúa como transportista frente al exportador/importador y de cargador frente a los transportistas cuando contrata sus servicios.

Todos los porteadores están obligados a cubrir con una compañía de seguros los riesgos de responsabilidad civil, así como el de las mercancías confiadas para su transporte según el convenio CMR, pudiendo de este modo responder adecuadamente a las reclamaciones por daños, pérdidas, etc., que se ocasionen a las mercancías.

Las agencias de transporte con almacenes propios destinados mayoritariamente a la exportación/importación, pueden ofrecer complementariamente servicios logísticos de almacenaje para empresas con exceso de stocks de mercancías, que posteriormente distribuyen mediante los diferentes sistemas de entrega.

3.14 Operador de transporte multimodal (OTM)

El transporte multimodal ha dado paso a la figura del operador de transporte multimodal (OTM). Este operador puede ser una persona física o jurídica, una compañía naviera, un operador de ferrocarril o un transitario especializado, que adquiere el compromiso frente al exportador o importador como transportista principal y es el emisor del documento unificado de todos los modos y medios de transporte utilizados.

3.15 Operador internacional de transporte combinado (Combi)

Son aquellas empresas que organizan y comercializan sus propios servicios ferroviarios. Contratan a los ferrocarriles nacionales trayectos, itinerarios y material (si es necesario). Pueden transportar diferentes unidades de carga, contenedores, cajas móviles, etc.

4. ELEMENTOS JURÍDICOS

Citaremos aquellos elementos jurídicos que tienen mayor incidencia en la actividad diaria del comercio internacional.

4.1 Contrato de transporte

En el contrato de transporte se comprometen directamente:

- Elementos personales: Porteador, remitente y destinatario.
- Elementos reales: Objeto del transporte y precio.
- Elementos formales: Acuerdo entre remitente y porteador.

Conocimiento de embarque *(Bill of Lading o B/L)*

Documento transferible de título/valor de las mercancías. Es emitido por el consignatario del buque en el lugar de aceptación/embarque y es la prueba del contrato de transporte, así como el recibo de la mercancía y el estado de las mismas en el momento de recibirlas. Los conocimientos de embarque especifican el recibo de las mercancías por el capitán del buque (o el agente en su lugar), en las siguientes condiciones:

- **Limpio a bordo** *(Clean on Board)*
  Certifica el recibo de las mercancías en buen estado y condiciones aparentes.

- **Sucio** *(Dirty)*
  Notifica las reservas respecto al estado y condiciones de las mercancías recibidas.

- **Recibido para embarque** *(Received for shipment)*
  Reconoce haber recibido las mercancías para su posterior embarque.

- **Embarcado** *(Shipped)*
  Certifica la carga de las mercancías a bordo del buque.

Complementariamente a las indicaciones del estado de las mercancías a la recepción para el embarque, los conocimientos de embarque pueden ser:

- **Directo** *(Through)*
  Servicio directo de puerto a puerto.

- **Mixto** *(Combined)*
  Cuando en el embarque se combinan dos modalidades de transporte desde el puerto de embarque de la mercancía hasta el punto/destino final de la misma, o viceversa.

Es el único documento válido y canjeable por la mercancía en el punto de destino/entrega acordados. Según sean los acuerdos entre vendedor y comprador, el conocimiento de embarque puede emitirse o consignarse de la siguiente manera:

- **Nominativo a una persona o entidad**
  Especifica los datos del consignatario o destinatario de la mercancía. Es un documento intransferible.

- **A la orden**
  Se convierte en un documento nominativo por endoso del embarcador o entidad bancaria, a quien se asigne.

Circuito de la Carta de Credito

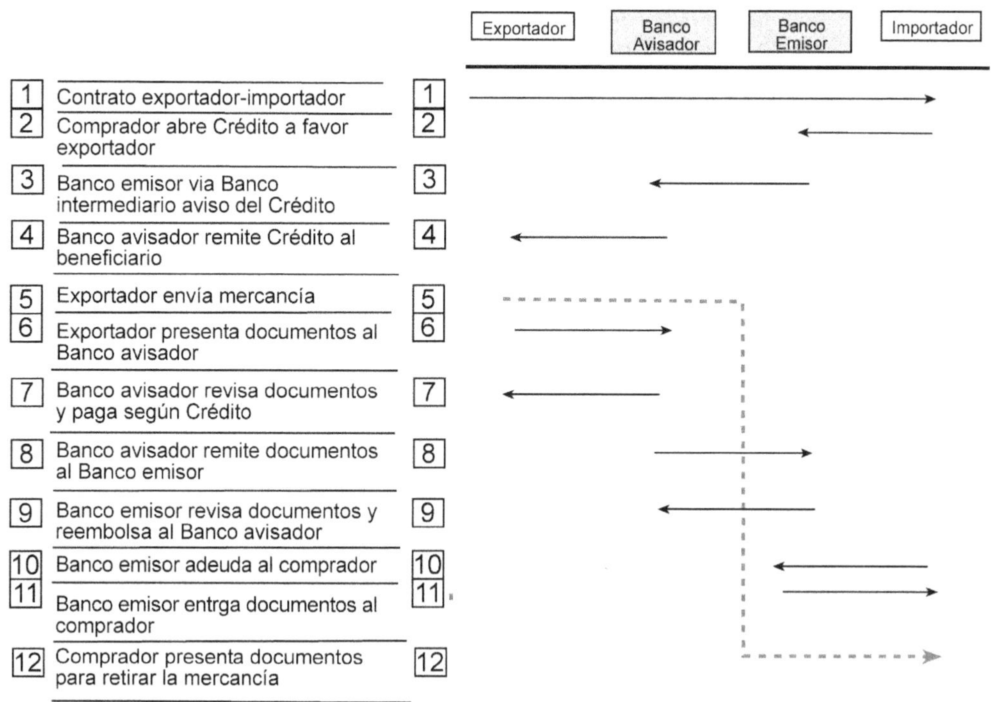

- **Al portador**

  Transferible por simple entrega, no especifica nominalmente el consignatario o destinatario. Es poco usado por los riesgos que esto representa en caso de extravío.

El rol documental que cumple el conocimiento de embarque en el transporte marítimo se ha trasladado, en ocasiones con nombres bien distintos, a los distintos modos de transporte. Veamos los más importantes.

- ***Sea Way Bill (Express B/L)***

  Documento no negociable, ya que no se emiten originales y, por lo tanto, no es un documento de título o valor. Es utilizado en embarques que no representen un riesgo comercial y para embarques entre oficinas de una misma organización o empresa multinacional.

- ***FIATA B/L***

  Reconocido por la Cámara de Comercio Internacional (CCI), es el documento emitido por los transitarios como prueba del contrato de transporte.

- ***House B/L***

  El transitario también puede emitir sus propios conocimientos de embarque, de uso común entre agentes/corresponsales en distintos países, y que son igualmente utilizados como contrato de transporte entre éstos y el exportador.

- **Multimodal *B/L***

- **Manifiesto de carga *(Cargo Manifest)***

  Este documento, de formato diferente al del B/L, reproduce los mismos datos que éste. Agrupa totales de unidades de carga y pesos por puertos de carga y descarga. Es de uso interno de la compañía y se entregan los ejemplares necesarios al capitán del buque y a las autoridades aduaneras pertinentes.

- **Póliza de fletamento** *(Charter Party)*
  Es el contrato de transporte en las operaciones de fletamento total o parcial de un buque. En él se relacionan los datos de las partes involucradas, las mercancías a transportar, el precio del transporte y aspectos específicos de este tipo de embarques. El conocimiento de embarque de un fletamento, si se confecciona, no está cumplimentado en el dorso con las condiciones y cláusulas de un B/L Liner, ya que éstas se relacionan específicamente en la póliza de fletamento.

- **Conocimiento aéreo** *(Airway Bill - AWB)*
  El conocimiento aéreo es la prueba del contrato de transporte. De forma distinta al B/L marítimo, éste no es negociable. Indica todos los datos de expedidor, destinatario, detalles de la mercancía, pagos de flete, etc. A diferencia de otros medios de transporte, el AWB, si es solicitado por el embarcador, puede servir como:

  - Declaración/documentación para el despacho aduanero.
  - Acuse de recibo y factura de transporte.
  - Certificado del seguro, si se especifica en la casilla asignada a este fin.

No todas las compañías facilitan el seguro de las mercancías, por lo que el exportador/importador deberá efectuarlo separadamente, al igual que en las otras modalidades de transporte. Los agentes IATA emiten sus propios *House AWB* para operaciones entre corresponsales, siendo éstos los responsables del transporte frente a sus clientes exportadores/importadores.

- **Carta de porte (CMR)**
  El Contrato de Transporte Internacional de Mercancías por Carretera, amparado en la Carta de Porte Internacional, está sometido al convenio relativo al contrato de transporte internacional de mercancías por carretera (CMR).
  Es el documento principal en la operación de transporte de mercancías por carretera para aquellos países no miembros de la Comunidad Económica Europea. Al igual que en los otros medios de transporte existentes, en el CMR deben constar todos los datos correspondientes al remitente y destinatario, datos completos de la mercancía, así como las condiciones de entrega pactadas con el porteador. Las agencias de transporte emiten los correspondientes **certificados de recepción** a los clientes exportadores, como justificante de la recepción de la mercancía y transporte de las mismas.

- **Cuaderno TIR**
  Es a la vez documento aduanero y de garantía por las mercancías transportadas. Estos cuadernos son los títulos que ASTIC garantiza al poseedor de los mismos ante las aduanas, estableciendo periodos concretos de validez. Actualmente son utilizados únicamente en las exportaciones/importaciones fuera de la CEE, y es el manifiesto de carga del vehículo, donde se relacionan todas las mercancías que transporta.

- **Contrato de transporte/Carta de porte (CIM)**
  Es el justificante del contrato de transporte entre el cliente y la administración ferroviaria. En este documento se hace constar la cantidad, tipo y peso de la mercancía, así como destino, ruta a seguir y otras instrucciones propias de este medio de transporte.
  El expedidor debe ser una persona física o jurídica, en nombre propio o por cuenta del cargador. Este documento se emite en original y copias, distribuidas en:

  - Ordenante/Expedidor.
  - Administración ferroviaria que remite la mercancía.
  - Administración ferroviaria en destino que recibe la mercancía.
  - Destinatario.

Una vez entregada la mercancía en el lugar convenido, el remitente recibirá sellada por la administración ferroviaria su copia correspondiente de la carta de porte, sirviendo ésta de comprobante del contrato de transporte de la mercancía.

En el caso de efectuarse un envío de grupaje a través de una empresa transitaria, ésta emitirá un certificado de recepción al cliente/exportador como prueba del contrato de transporte, en lugar de la copia correspondiente del CIM, al haberse confeccionado uno global frente a la administración por el total de la expedición.

• Carta de porte internacional (CPI)

Documento para las mercancías transportadas por FFCC entre dos Estados miembros de la CEE y de la EFTA, así como para las destinadas a terceros países en tránsito por los países de la CEE. El CPI cubre todo el recorrido y, por tanto, el FFCC responderá ante la Administración de posibles irregularidades a la llegada de la mercancía al punto convenido.

Prototipo destruido durante una operación de transbordo.

4.2 Seguro y responsabilidades

De las mercancías

Las mercancías objeto de transporte deben ser aseguradas por el exportador o el importador, según se estipule en el contrato de compra/venta. Las diferentes condiciones y coberturas del seguro garantizarán al usuario recuperar parcial o totalmente el valor de las mercancías.

En las pólizas de seguro aparecen el asegurador y el tomador del seguro o contratante. En algunas pólizas aparecen disociados el contratante del seguro y el verdadero asegurado (beneficiario). Las pólizas y primas más comunes se pueden resumir de la siguiente manera:

- Póliza sencilla / Aislada.
- Póliza abierta / Flotante.
- Póliza combinada.

Las primas pueden ser:

- **Teórica:** Valor de mercancía según factura.
- **Comercial:** Valor de la mercancía más los siguientes conceptos:
  - Portes.
  - Prima del seguro.
  - Derechos arancelarios y gastos de aduana.
  - Beneficio comercial (20 % del valor de la mercancía).

CONDICIONES GENERALES - ICC (C) - (AIR) 1/1/82

MARÍTIMO	TERRESTRE	AÉREO
A) BAJO CUBIERTA Pérdida total. Avería gruesa. Gastos de salvamento. Averías particulares por: naufragio, abordaje, varada e incendio. *B) SOBRE CUBIERTA* Pérdida total. Avería gruesa. Arrastre por las olas. Echazón deliberado para salvamento común.	Incendio, rayo o explosión. Caída, colisión o vuelco. Gastos de salvamento. Robo en cuadrilla o a mano armada. Accidentes por casos fortuitos o de fuerza mayor en viajes complementarios marítimo o aéreos. Riesgos extraordinarios.	Incendio, rayo o explosión. Avería gruesa. Gastos de salvamento. Accidentes de la aeronave en vuelo, o al despegar o aterrizar. Echazón deliberada para salvamento común.

CONDICIONES AMPLIAS - ICC (A) - (AIR) 1/1/82
Además, condiciones adicionales

MARÍTIMO	TERRESTRE	AÉREO
Sólo para mercancías bajo cubierta: Todos los riesgos de pérdida o daño a los bienes objeto de seguro. Riesgo accidental del mar. Roturas y mojaduras. Robo y derrames, etc. Falta de entrega de bultos enteros, etc.	Todos los riesgos de pérdida o daño a los bienes objeto de seguro. Robo, hurto, roturas y derrames. Falta de bultos, etc.	Todos los riesgos de pérdida o daño a los bienes objeto de seguro. Roturas. Robo.

CONDICIONES ADICIONALES
Además, condiciones generales

MARÍTIMO	TERRESTRE	AÉREO
Caida de bultos durante la carga y descarga.	Daños a la mercancía en las operaciones de carga y descarga.	Daños a la mercancía en las operaciones de carga y descarga.

El **Institute Cargo Clauses (ICC),** establece internacionalmente las coberturas para los diferentes seguros de mercancías. La equivalencia del ICC a las cláusulas utilizadas en nuestro país son:

- **•Condiciones generales ICC "C"**
  - Pérdida total del buque.
  - Avería gruesa.
  - Gastos de salvamento.
  - Avería particular: naufragio, colisión, varada e incendio.
  - Arrastre por olas.
  - Echazón deliberada para salvamento común.

- **• Condiciones amplias (Todo riesgo) ICC "A"**
  - Riesgo accidental del mar.
  - Roturas y mojaduras.
  - Robo y derrame.
  - Falta de bultos, etc.

- **• Condiciones adicionales**
  - Caída de bultos durante la carga y descarga.
  - Desperfectos, robos, etc., ocasionados durante el transporte y permanencia en muelle.

Las indemnizaciones que deban efectuar los transportistas están fijadas internacionalmente en **unidades de cuenta** (Derecho Especial de Giro, según la definición del FMI), equivalente a 1,45 $ USA o 15 francos oro por unidad.

De los buques

Desde las primeras operaciones de seguros de buques realizadas por el Lloyd's de Londres en el siglo XVIII hasta nuestros días, las diferentes asociaciones y organizaciones internacionales han sido las que, paralelamente a la evolución de los medios y sistemas de transporte marítimo, han ido estableciendo las normas que regulan los diferentes aspectos técnicos y jurídicos del seguro de buques.

Los armadores y compañías navieras (como indicaremos en el apartado de Asociaciones), aseguran sus buques en **clubs de protección e indemnización** que se responsabilizan de los daños y averías ocasionadas al cargamento, de las que resulte responsable el armador. Existen pólizas específicas para cubrir la pérdida total de los buques. A su vez, estos clubs asesoran y representan a sus asociados en los actos jurídicos motivo de reclamación.

Las compañías navieras se responsabilizan de los bultos transportados en los buques, no del peso ni del contenido de los mismos. Partiendo de este principio y de las obligaciones que las mercancías tienen para con el buque en él que son transportadas, desde el punto de vista del usuario debe prestarse una especial atención a este apartado, dado que las mercancías no aseguradas pueden ser motivo de pérdida total o parcial para una empresa, así como de posibles reclamaciones por parte de las compañías navieras al declarar la **avería gruesa** en un buque.

Se declara una **avería gruesa** cuando: *"Se ha hecho intencionadamente un daño o sacrificio extraordinario, con el objeto de preservar de un peligro mayor a las propiedades comprometidas en una aventura marítima común".*

La avería gruesa está claramente definida en las pólizas de seguros. Los armadores y operadores marítimos tienen establecidos los límites de sus responsabilidades legales por los daños que se puedan ocasionar a las mercancías objeto de transporte.

En la **avería simple**, producida involuntariamente como consecuencia natural de la operación del buque, no existe un interés común, a diferencia de en la avería gruesa. Los límites máximos de responsabilidad fijados, así como los plazos para efectuar las reclamaciones por daños, averías, etc., son los siguientes:

> - 2 U/C por kg bruto o 666,66 U/C por bulto (a elección del usuario).
> - 2,5 U/C por kg bruto o 835 U/C por bulto (Reglas de Hamburgo).
> - Averías aparentes: En el momento de la entrega de la mercancía.
> - Averías no aparentes: Dentro de los tres días desde la entrega.
> - Prescripciones de la acción: Un año a partir de la entrega.

Como hemos mencionado, las compañías de seguros garantizan a los usuarios el importe de las mercancías siniestradas durante el transporte, así como la parte establecida por los armadores, como contribución a la avería gruesa, en caso de declararse.

De las compañías aéreas

Las condiciones más utilizadas en esta modalidad de transporte son aquellas establecidas en el ICC "A" para cubrir todos los riesgos por pérdida o daños a las mercancías. El AWB puede utilizarse como póliza de seguros indicando el valor asegurado de la mercancía en origen según la factura comercial.

El embarcador puede declarar un valor superior, siempre y cuando éste no supere el valor total de la mercancía puesta en destino. Si el embarcador desea que el transportista asuma una mayor responsabilidad, en caso de aceptación, éste aplicará el flete establecido por valor de la mercancía (generalmente superior al precio de tarifa).

El límite de responsabilidad máxima para los transportistas, así como los plazos para las reclamaciones por daños o averías, están establecidos en:

> - 250 francos oro por kg bruto (20 $ USA por kg).
> - Averías aparentes: En el momento de la recepción del envío.
> - Averías no aparentes: A los siete días de recibida la mercancía.
> - Prescripción de la acción: Dos años a partir de la entrega.

Las compañías aéreas tienen establecidos valores máximos de mercancías por envío y máximos por avión, según detallamos a continuación:

• Límite de valor en un solo envío
Para el caso de embarques cuyo valor exceda a 100.000 USD, deberá contactarse con el transportista para la aceptación y establecimiento de condiciones y arreglos particulares.

• Límite de valor en un solo avión
Cada compañía tiene establecidos sus propios límites del valor a transportar por avión (ya venga dado por el valor de un sólo embarque o por varios).

En el supuesto que el valor total sobrepase el límite, el transportista se reserva el derecho de efectuar el transporte en varios vuelos o de rechazarlo. Este valor máximo variara en función del tipo de avión que se vaya a utilizar.

De los transportistas de carretera
Existen pólizas a todo riesgo para el transporte internacional de mercancías por carretera, similares a las pólizas del transporte marítimo, exceptuando las características específicas de esta modalidad. Generalmente, estas pólizas cubren a las mercancías contra:

- Incendios e inundaciones.
- Hundimiento de puentes y caminos.
- Colisiones.
- Desprendimientos de tierra.
- Robo de mercancías.

No quedan cubiertos los riesgos que no están específicamente mencionados en la póliza de seguro. Los limites de responsabilidad y los plazos para la reclamación son los siguientes:

- 8,33 DEG (Derecho Especial de Giro) por kg.
- Averías aparentes: En el momento de la recepción del envío.
- Averías no aparentes: A los siete días de recibida la mercancía.
- Prescripciones de la acción: Un año a partir de la entrega.

De los transportistas por ferrocarril
Las condiciones de los seguros del transporte ferroviario son similares a las establecidos para el transporte por carretera. Las compañías ferroviarias se responsabilizan únicamente de los daños y perdidas ocasionados durante el trayecto ferroviario. Los límites de responsabilidad fijados internacionalmente para este medio de transporte son:

- 250 francos oro por kg.
- Averías aparentes: Dentro de las 24 horas posteriores a la entrega.
- Averías no aparentes: A los siete días de recibir la mercancía.
- Prescripciones de la acción: Un año de la entrega de la mercancía.

4.3 Asociaciones y organizaciones

Son numerosas las asociaciones y organizaciones nacionales e internacionales que estudian y analizan los diferentes aspectos y necesidades del transporte internacional. Mencionaremos las más destacadas y realizaremos un comentario sobre su principal actividad:

Asociaciones

• Lloyd's of London
Fundado en 1760 en el Coffee House de Eduard Lloyd. Se efectuaron las primeras

operaciones de seguros marítimos. Posteriormente, en 1764, dio inicio a la lista de buques asegurados, Lloyd's List.

• Lloyd's Register of Shipping
Sociedad de clasificación y registro de buques establecida en 1834. Tiene su origen en el Lloyd's de Londres.

• The Baltic Exchange
Club limitado de socios compuesto aproximadamente por 600 compañías. Fue creado en Londres en 1900 y actúa como bolsa de buques, efectuando operaciones de compra y venta, así como todo tipo de contratación entre sus asociados.

• P & I Clubs (Protection and Indemnity Clubs)
Mútuas o clubs de armadores y compañías navieras que se protegen mancomunadamente de una serie de riesgos. Protegen, asesoran y representan a sus socios, e indemnizan a las mercancías cuando es responsabilidad del armador o compañía naviera.

• BIMCO (Baltic and International Maritime Conference)
Con sede en Dinamarca, fue creada en 1905 por armadores que operaban en el Mar Báltico. Actualmente agrupa a las diferentes asociaciones de armadores, navieros y agentes marítimos.
Desarrollan pólizas base para las diferentes modalidades de transporte en régimen de conocimiento de embarque de línea regular (CONLINE), fletamento por tiempo (BALTIME), etc. También desarrollan los diferentes modelos de pólizas de fletamento *(Charter Party)* para carga general (GENCON) y otras.

• BIFEX (The Baltic International Freight Futures Exchange)
Fundado en 1985 y de origen en el Baltic Exchange, actúa como bolsa que indexa fletes y valores de mercancías.

• FONASBA (Fed. of National Associations Ship Brokers and Agents)
Fundada en 1969, actúa como organismo consultor en las reuniones de la UNCTAD.

• ICHCA (International Cargo Handling Coordination Ass.)
Agrupación de asociaciones de empresas estibadoras y manipuladores de mercancías.

• FIATA (Fed. Internationale des Ass. de Transitaires et Assimiles)
Es la Federación Internacional de Asociaciones de Transitarios Expedidores Internacionales y Asimilados. Fue creada en 1926 y hoy cuenta con más de 1.000 miembros asociados que desarrollan su actividad en los cinco continentes, representando unas 35.000 firmas relacionadas con el transporte y la gestión de cargas.

• FETEIA (Fed. de Transitarios Expedidores Internacionales y Asimilados)
Asociación de transitarios de ámbito español.

• ASTIC (Asoc. de Transportistas Internacionales por Carretera)
Es la asociación nacional de los transportistas internacionales españoles. ASTIC ofrece a sus asociados información de los vehículos y cargas disponibles dentro de la CEE.

• IRU (Unión del Transporte por Carretera - Ginebra 1948)
Es la organización internacional no gubernamental que agrupa y representa al conjunto de asociaciones y federaciones de transporte internacional por carretera. El consejo económico y social de la Organización de las Naciones Unidas asignó a esta asociación el estatuto de órgano consultivo.

4.4 Organizaciones internacionales

• ESC (European Shipper's Council)

Fundada en el Reino Unido en 1955, es un organismo representativo de los consejos de usuarios en Europa. Defiende los intereses de los usuarios frente a las conferencias de fletes y negocian con Censa las causas de los incrementos y plazos de validez de los fletes.

• CENSA (Council of European and Japanese National Shipowner's Associations)

Organismo que agrupa a las asociaciones de armadores nacionales. Controla a las asociaciones miembro sobre diferentes aspectos de la navegación en general. Admitido como observador/consultor en las reuniones de la UNCTAD, también representa los intereses de los armadores en las conferencias europeas de fletes.

• ICS (The International Chamber of Shipping)

Fundada en Londres en 1921, es la asociación de organizaciones nacionales con flota activa y armadores privados. Controla la mayor parte de la política marítima mundial, actuando en comités de representación nacional. Analiza, junto con diferentes organismos técnicos, industriales y comerciales, temas marítimos de interés nacional e internacional.

• UNCTAD (United Nations Conference of Trade and Development).

Conferencia de las Naciones Unidas para el comercio y desarrollo de los países subdesarrollados. Estableció el código de conducta de las conferencias de línea regular con el reparto de las mercancías a transportar (40 %, 40 % y 20 %). Estas medidas (protección de bandera) fueron establecidas para proteger a los armadores nacionales de los países de origen/destino de las mercancías, pudiendo cargar el 40 % y 40 % respectivamente de éstas, reservando el 20 % restante para armadores de otras nacionalidades.

• IMO (Inter-Governamental Maritime Organisation)

Es un organismo colaborador de las Naciones Unidas en materia de transporte marítimo y de la seguridad de la vida humana en el mar. Controla y supervisa los negocios marítimos y los buques de uso en servicio internacional. Ha elaborado el Código IMDG (International Maritime Dangerous Goods Code), que regula el transporte de mercancías peligrosas.

• ICC (International Chamber of Commerce)

Ha confeccionado las normas sobre los créditos documentarios y los incoterms. También ha colaborado en la confección de los contratos de compra-venta internacionales.

• AENA (Aeropuertos Españoles y Navegación Aérea)

Ente público responsable del funcionamiento y la administración de los diferentes aeropuertos del territorio español.

• IATA (International Air Transport Association)

Es una organización privada de participación voluntaria que se creó en 1945, sucediendo a la **ATA (Air Traffic Association)** fundada en La Haya en 1919 por representantes de las principales compañías aéreas.

Las líneas aéreas utilizan la organización IATA para mantener una red comercial única y garantizar la calidad de los servicios, estandarizando sus formularios, procedimientos y otros factores, así como adoptar códigos estándar para sus relaciones con los agentes de carga.

IATA agrupa mas de cien compañías de línea aérea regular. Su finalidad es promover un transporte seguro, regular y económico, procurando los medios necesarios para una eficiente colaboración entre todas las empresas dedicadas al transporte aéreo.

Los miembros activos, las compañías internacionales, son los que tienen derecho a voto. Los miembros asociados (las compañías nacionales), no ejercen derecho a voto. IATA está constituida por un comité ejecutivo y subcomités o departamentos que colaboran con las diferentes organizaciones internacionales en el estudio de todo tipo de problemas de este medio de transporte. Las principales funciones de los subcomités, son:

* ***Departamento Jurídico.*** Confecciona los diferentes documentos propios del transporte. Analiza y previene posibles irregularidades, y prepara los diversos convenios que afectan al mismo.
* ***Departamento de Tráfico.*** Estudia y propone las tarifas aéreas a sus miembros.
* ***Departamento Técnico.*** Estudia todo lo relativo a la estandarizacion, tanto de los equipos de vuelo como de ayudas a la navegación. Se ocupa de los diferentes aspectos que afectan a los pasajeros y a la tripulación, así como a la seguridad en vuelo. Propone mejoras a los fabricantes y colabora con la ICAO en temas de legislación.
* ***Comité Financiero.*** Encargado de estudios estadísticos y financieros, así como del orden contable entre sus miembros mediante la Cámara de Compensación Sectorial (CCS).

IATA cuida de la formación del personal de las agencias IATA registradas impartiendo cursos de formación a diversos niveles. Los representantes de las líneas aéreas nacionales, junto con otra línea aérea (no nacional), son los que se encargan de investigar la veracidad de los datos aportados por el futuro agente y pasar un informe a IATA para su posterior aprobación y registro.

El agente de carga IATA, generalmente, debe ser nombrado individualmente por la línea aérea o líneas aéreas que lo consideren de interés.

* **Air Freight Institute (Instituto de Carga Aérea)**
Es el único comité permanente y socio consultivo activo de FIATA. Su tarea principal es la de promover, proteger y defender los intereses de los agentes expedidores de carga aérea y coordinar sus actividades a través de las asociaciones nacionales en todo el mundo.

Colabora en la formación del personal responsable de las expediciones de carga aérea, participando en nombre y representación de los expedidores FIATA.

* **ICAO (International Civil Aviation Organisati - 1947)**
Agrupa a más de 130 países en todo el mundo. La necesidad de organizar la aviación civil tras la Segunda Guerra Mundial, tratada en el Convenio de Aviación Civil de Chicago, en 1944, dio lugar a la creación de la ICAO. Las principales funciones de esta organización son:

* Controlar el crecimiento seguro y ordenado de la aviación civil internacional.
* Promover el desarrollo de las rutas aéreas, aeropuertos y servicios de la navegación aérea.
* Promover la seguridad de los vuelos.
* Analizar y satisfacer las necesidades del transporte aéreo internacional.

ICAO es un órgano consultivo de las Naciones Unidas. Está abierto a cualquier consulta por parte de los miembros de las Naciones Unidas en materia de aviación civil.

* **UIC (Union Internationale des Chemins de Fer)**
Es la organización europea que ha desarrollado las bases de los diferentes aspectos del transporte ferroviario en Europa.

4.5 Normativa internacional

Paralelamente a las normativas internacionales establecidas para las diferentes modalidades de transporte, los países pueden modificar localmente algunas de estas normativas, ajustándolas a sus propias necesidades o intereses. Son numerosos los convenios y reglamentaciones que regulan el transporte internacional marítimo, por lo cual citaremos los mas importantes:

- **Código de Comercio Español**

  Relacionamos los cinco apartados básicos que rigen nuestro Código de Comercio:

I	- Buques. Regula principalmente la compra-venta.
II	- Personas que intervienen. Responsabilidades del naviero, así como las facultades y obligaciones del capitán.
III	- Contratos. Fletamentos y pagos de fletes.
IV y V	- Riesgos, daños y accidentes. Liquidación y justificación de averías. Acciones y responsabilidades. Averías, naufragios, abordajes, etc.

- **Reglas de York y Amberes**

  Establecen las reglas internacionalmente adoptadas para la liquidación de la avería gruesa. El redactado original fue creado en 1890 y, posteriormente, se han ido efectuando diferentes revisiones, hasta la última que tuvo lugar en 1974.

- **Convenio de Bruselas (1924)**

  Unifica ciertas reglas en materia de conocimiento de embarque, creando las responsabilidades por daños y pérdidas:

  - Obligaciones y responsabilidades del cargador.
  - Responsabilidades y limitación de responsabilidad del porteador.
  - Mercancías peligrosas.

- **Reglas de La Haya-Visby (1968)**

  Actualizan el Convenio de Bruselas definiendo más detalladamente las obligaciones y derechos de los transportistas oceánicos.

- **Reglas de Hamburgo (1978)**

  Conferencia de las Naciones Unidas sobre transporte marítimo de mercancías que modifica las Reglas de La Haya en algunos aspectos de las obligaciones, limitaciones y responsabilidades de los cargadores y transportistas. Responsabiliza a estos últimos por los retrasos y aumenta el límite de las responsabilidades frente a los usuarios.

  Estas reglas no han sido ratificadas por la mayoría de los países desarrollados, por lo cual no están actualmente en vigor.

- **Convenio de Varsovia (1929)**

  Aplicado en el transporte aéreo internacional de personas y mercancías entre países signatarios del convenio.

  Establece la normativa del contrato de transporte, así como las responsabilidades legales de las compañías aéreas por averías, pérdidas, etc., ocasionadas a los pasajeros y mercancías.

  Se efectuaron posteriores revisiones en el Protocolo de La Haya (1955) y en el Convenio de Guadalajara (México, 1961), ratificando lo establecido en el Convenio de Varsovia, e introduciendo las siguientes variaciones y modificaciones:

  - Contenido del conocimiento de embarque aéreo *(Airway Bill)*.

- Responsabilidades del transportista por pérdidas, daños y retrasos.
- Límites de la responsabilidad.
- Aplicación del peso para establecer el máximo de responsabilidad.
- Nueva definición del termino "negligencia".

• Convención de Chicago (1944)

Este convenio dio lugar a las llamadas «libertades del aire», que han hecho posible el desarrollo del transporte aéreo internacional, en tanto la Convención dio paso a la creación de la ICAO. Estas libertades se dividen en técnicas y comerciales:

Técnicas

Poder sobrevolar el territorio de cualquier país sin aterrizar en él.
Poder aterrizar en cualquier país para escala técnica.

Comerciales

Libertad de poder embarcar y desembarcar pasajeros y mercancías de origen y procedencia de dos o mas países, tanto si las líneas aéreas son nacionales como si no.

• Convenio de Roma (1952)

Establece internacionalmente las indemnizaciones a terceros en tierra por los daños ocasionados por los aparatos en vuelo.

• Convenio de Tokyo (1963)

Establece las normas de actuación en caso de delitos a bordo de los aviones.

• LOTT (Ley de Ordenación de los Transportes Terrestres).

Legislación española sobre el transporte terrestre, tanto en el ámbito nacional como internacional. Esta ley establece los ámbitos de aplicación, principios generales, regímenes de competencias, así como los diferentes aspectos de coordinación con los órganos administrativos.

• Convenio de Ginebra (CMR) 1956

El Convenio CMR es el instrumento que regula el transporte internacional de mercancías por carretera. Es de aplicación en todos los contratos de transporte de mercancías, siempre que el lugar de recogida de la carga y el de la entrega estén situados en dos países diferentes y que uno de ellos, al menos, sea un país contratante. Los principios de este acuerdo se basan en:

- Ámbito de aplicación del contrato entre países contratantes.
- Responsabilidades de los transportistas por acciones y errores de sus empleados.
- Ejecución de la carta de porte y datos de su cumplimentacion.
- Responsabilidades máximas del transportista.
- Reclamaciones y acciones.
- Este convenio no es aplicable a los transportes postales, mudanzas y funerarios.

• Convenio TIR (1959)

Convenio multilateral de transporte bajo precinto aduanero. Este convenio está sujeto a la legislación propia de cada país, en relación a los formularios, garantías y demás requisitos.

Establece las bases para el transporte internacional de mercancías por carretera, cargadas sobre vehículos de tracción mecánica (remolques, semirremolques, contenedores, carrocería desmontable de sus ejes/cajas móviles), desde una aduana de salida europea hasta otra de destino, situada en países fuera de la CEE, permitiéndoles transitar por el territorio existente entre ambas aduanas, es decir, pasar una o varias fronteras sin necesidad de inspecciones en las aduanas de tránsito.

Los cuadernos TIR son emitidos por la Unión del Transporte Internacional (IRU) y entregados por las diferentes asociaciones nacionales. ASTIC se responsabiliza ante la Dirección General de Aduanas, de todos los vehículos que viajen en régimen TIR por territorio español, tanto nacionales como extranjeros, respondiendo con una cantidad máxima por camión.

• Convenio de Ginebra (1975)

Este nuevo convenio TIR revisa el anterior de 1959, al amparo del cuaderno TIR, del cual destacan los siguientes acuerdos:

• Responsabilidades de los transportistas frente a las administraciones aduaneras, con las garantías correspondientes.
• Acompañar a las mercancías del cuaderno TIR.
• Transporte en vehículo especial provisto de precinto TIR.
• Situar las mercancías en zona precintada y segura.
• Condiciones para la aprobación de vehículos y disposiciones relativas a las mercancías pesadas o voluminosas.
• Irregularidades e infracciones.

• Acuerdo Europeo de Ginebra (1971)

Establece normas uniformes de circulación, características de los vehículos, tiempos de conducción y señalización.

• Acuerdos de Ginebra ADR (1957)

Acuerdo europeo sobre transporte internacional de mercancías peligrosas por carretera. Establece, entre otros, los siguientes puntos:

• Disposiciones generales sobre materias peligrosas.
• Disposiciones sobre material de transporte y el transporte.
• Clasificación de las materias y disposiciones particulares.
• Condiciones específicas de embalaje, envasado y etiquetaje de las mercancías, así como especial mención a aquellas transportadas en camiones cisterna.
Las normativas internacionales fijadas para el transporte de mercancías peligrosas, a excepción de aquellas con incidencias específicas en una modalidad de transporte particular, parten de una clasificación y codificación común.

• Acuerdo de la CEPE (Comisión Económica para Europa de las N.U.) (Ginebra, 1958)

Acuerdo sobre las características de los vehículos en uso, así como la homologación de los mismos.

• Convenios AETR de la CEPE

Estos convenios establecen la normativa sobre el trabajo de los conductores de vehículos y de sus ayudantes.

• Convenio de Viena 1968

Convenio sobre las normas de circulación y señalización de las carreteras.

• ATP Ginebra 1970

Acuerdo sobre transporte internacional de mercancías perecederas por carretera. Se elaboró con el fin de mejorar las condiciones de conservación de las mercancías perecederas durante su transporte, así como para garantizar el mantenimiento de la calidad de las mismas, especialmente en el transcurso de los intercambios internacionales.

- **CIM (Convenio Internacional de Transporte de Mercancías por Ferrocarril)**
Firmado en 1924, en Berna, regula el transporte internacional ferroviario de mercancías, fue posteriormente actualizado en el convenio COTIF de 1980.

- **COTIF (Convenio Internacional sobre Transporte por Ferrocarril, 1980)**
Revisa y actualiza el convenio CIM, dando paso al actual llamado convenio COTIF/CIM. Regula todo lo relacionado con el transporte internacional ferroviario de pasajeros (CIP) y de mercancías (CIM), estableciendo para las mercancías los siguientes apartados:

  - *Contrato de transporte*
  Carta de porte, contenido y ejecución.

  - *Responsabilidades y acciones*
  Contempla los diversos aspectos referentes a las responsabilidades, indemnizaciones, limitaciones, etc., tanto jurídicas como de prescripción.

  - *Relación entre compañías*
  Analiza los diferentes aspectos económicos y de recursos, entre las diferentes compañías.

  - *Reglamentos especiales*
  Se establecen reglamentaciones concretas para las diferentes modalidades de transporte de mercancías, tales como:

    - *Reglamento RID* (transporte de mercancías peligrosas).
    - *Reglamento RIP* (vagones de uso particular).
    - *Reglamento RICo.* (transporte de contenedores).
    - *Reglamento RIEx.* (transporte de paquete exprés).

- **Convenio TIF**
Firmado en Ginebra, 1952, es el equivalente al Convenio TIR de carretera. Basado en el envío de mercancías bajo precinto aduanero, para así reducir al máximo las inspecciones aduaneras en las fronteras, y especialmente para aquellas mercancías perecederas, animales vivos, tránsitos internacionales, etc. También se estableció la declaración de garantía TIF por las mercancías transportadas, presentada por las administraciones ferroviarias a las administraciones aduaneras.

5. TRANSPORTE MARÍTIMO

Sin entrar en generalidades de origen ni antigüedad, podríamos decir que el transporte marítimo ha ido estableciendo sus propios códigos de conducta en el transcurso de los años.

La evolución de esta modalidad de transporte, tanto en los medios, aspectos jurídicos y mercancías a transportar, ha ido actualizando estos procesos hasta nuestros días. A la vez ha sido el punto de partida para establecer ciertas bases y códigos de conducta de otras modalidades de transporte con menos antigüedad en sus orígenes.

Como ya hemos citado, el movimiento de mercancías efectuado por el transporte marítimo representa aproximadamente del 75 al 80 % del total de los diferentes medios de transporte. Aunque no disponemos de datos por tipos de mercancías, si podemos indicar que los tonelajes de las diferentes materias primas y graneles transportados, supera considerablemente el tonelaje de mercancía general, pero no es así en el número total de operaciones.

Es precisamente en los productos de consumo, bienes de equipo, productos químicos, etc., en los que mayor numero de empresas exportadoras, importadoras y de servicios intervienen, ya que aglutinan infinidad de pequeñas y medianas empresas para las cuales el comercio exterior puede ser uno de sus mayores volúmenes de negocio.

Por sus propias características, esta modalidad es la única que nos permite transportar internacionalmente grandes volúmenes de mercancía entre puntos muy distantes y con niveles de flete muy económicos.

La flexibilidad en capacidad de transporte en buques de pequeño, medio y gran tonelaje, en función de la mercancías y las rutas establecidas, así como la posibilidad de disponer de unidades con características de construcción adecuadas a un producto específico, lo convierten en el medio más utilizado internacionalmente.

Aunque exista una tendencia proteccionista en ciertos países, reservando para sus propias navieras el transporte de aquellos productos generados por ellos mismos, la mayoría de los tráficos internacionales se realizan en régimen de libre comercio.

5.1 Servicios marítimos

El usuario del transporte marítimo debe elegir el tipo de servicio mas adecuado enfunción de la mercancía a transportar. Existen dos grupos claramente establecidos, aquellos servicios efectuados en régimen de **fletamento** y los denominados de **línea regular.**

Fletamento

Cuando se trata de embarque de graneles o de grandes volúmenes que justifican la utilización de un buque en su totalidad o de parte del mismo, debe acudirse al mercado de buques **tramp,** efectuando un fletamento *(Charter Party)*. Los corredores marítimos *(Chartering Brokers),* son intermediarios especialistas en la contratación de buques y negociación de fletes en el mercado.

Según los contratos de utilización del buque **(fletamento),** éstos pueden ser, principalmente:

- **Fletamento por viaje** *(Trip/Spot Charter)*
  Buque puesto a disposición del fletador por un viaje determinado a cambio de un precio (flete) fijado.

- **Fletamento por tiempo** *(Time Charter)*
  Buque puesto a disposición de fletador por un tiempo y precio determinado para que éste lo explote.

• **Fletamento a buque desnudo** *(Bareboat Charter).* Los fletadores asignan sus propios oficiales y tripulación, haciéndose cargo de todos los gastos de explotación del buque. Los contratos de fletamento contienen las condiciones establecidas por ambas partes, así como los días de **plancha** del buque (paralización del buque en puerto para las operaciones de carga y descarga), y las penalizaciones por días adicionales a lo establecido.

Servicio de línea regular

Para la mayoría de los exportadores regulares o esporádicos, según sea su volumen de exportación y características de las mercancías, existen los servicios de línea regular, cuyas características más destacadas son:

• **Rutas fijas entre diferentes zonas geográficas**

• **Calendario regulare de llegadas/salidas de los buques**
Permiten programar las exportaciones regulares, aparte de las diferentes ventajas o facetas que nos hagan usuarios habituales de uno u otro servicio que cubran las mismas rutas.

• **Fletes establecidos por períodos de tiempo**
Los operadores marítimos o las conferencias fijan sus tarifas de fletes por períodos determinados o indeterminados, pudiendo modificarlas en situaciones concretas (habitualmente con avisos previos), por factores que comentaremos con más detalle en el apartado de fletes.

• **Reservas de espacio**
Otro de los aspectos a considerar en los servicios regulares es la disponibilidad de espacios en los buques, ya que los diferentes operadores o responsables de la explotación del buque proporcionan los espacios necesarios a cada uno de los agentes de los diferentes puertos de carga del buque.

Los servicios de línea regular deben separarse en servicios de **conferencia** y servicios **independientes o *outsiders*.** Las características básicas de los dos servicios son similares ya que en ambos casos ofrecen al usuario: salidas regulares, rutas fijas, espacios en los buques y fletes fijos por un tiempo determinado, como hemos citado anteriormente.

• **Conferencia o conferencia de fletes**
Es la unión de dos o mas compañías navieras u operadores marítimos de línea regular que cubren unas zonas geográficas especificas. La finalidad básica de las conferencias de fletes es evitar la competencia entre los miembros de la misma, estableciendo normas y fletes comunes, garantizando al usuario del transporte marítimo idénticas ventajas y condiciones por parte de todos los miembros que la componen.

Las conferencias pueden ser abiertas o cerradas a nuevos miembros, según se haya establecido previamente.

Habitualmente existen las llamadas «secretarías de las conferencias», que fijan sus oficinas en alguno de los países de donde provienen sus navieras, con el fin de supervisar, asegurar el buen funcionamiento y cumplimiento de las normas establecidas dentro de la misma conferencia, así como tomar las medidas oportunas ante los cambios que se produzcan en el mercado o por la competencia existente.

• **Independientes** *(outsiders)*
Son aquellos servicios regulares formados habitualmente por compañías navieras individuales o agrupadas, con principios básicos de actuación similares a los servi-

cios conferenciados, a excepción de la política de fletes. En este aspecto, estos operadores independientes fijan sus propias tarifas, tomando o no como referencia, aquellas establecidas por la conferencia existente en la misma zona geográfica en la que vayan a operar regularmente.

La política de fletes puede variar en función del servicio que estos operadores ofrezcan, ya que en algunos casos los servicios independientes pueden funcionar, en todos las aspectos mencionados, con mayor efectividad que una conferencia.

• *Joint Service*

Entre la diferentes navieras que forman una conferencia de fletes, algunas de las compañías miembro pueden reagruparse en grupos particulares. Estos grupos forman su propio «servicio conjunto» *(Joint Service),* y permiten a todos los componentes disponer de espacios en cada uno de los buques del resto de los otros miembros y viceversa. Diferentes compañías *outsiders* pueden agruparse formando sus propios *Joint Service.*

• *Slot Charter*

Un armador puede ceder a otro armador, por un precio previamente estipulado, unos espacios fijos *(slots)* en sus buques por un tiempo que determinen o por viaje.

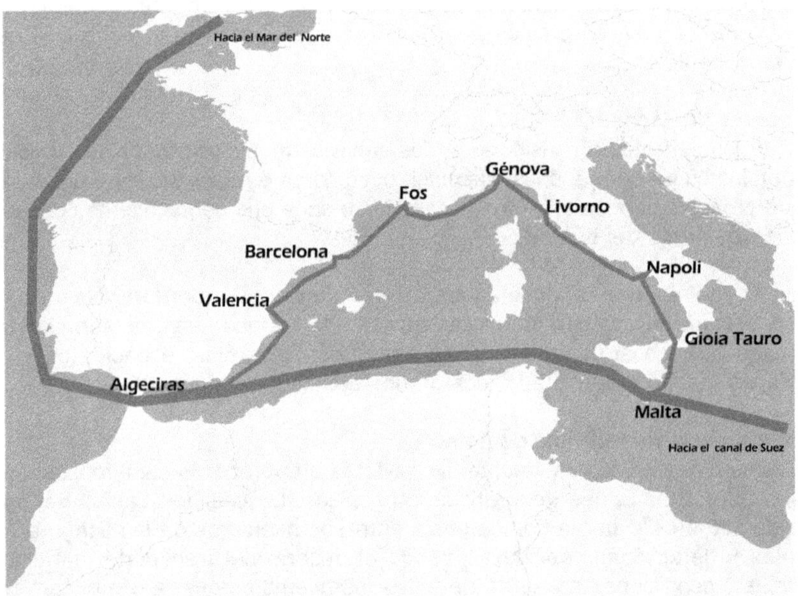

La incorporación de **buques oceánicos** o ***mother vessels*** de gran capacidad en las grandes rutas marítimas, en combinación con buques de inferior capacidad llamados ***feeder,*** se presenta como la tendencia a seguir por las principales compañías navieras, en función de sus propias entrategias en aquellos mercados en los que están operando regularmente.

Estos buques *feeder* cubren regularmente zonas concretas de la geografía de uno o varios países, recogiendo y entregando las mercancías que posteriormente se depositarán y recogerán en/de un único puerto, previamente fijado para la escala del buque oceánico.

Con este sistema, los buques oceánicos reducen el número de sus escalas en una ruta concreta, obteniendo un mayor volumen de carga en cada puerto y un mayor número de viajes en un período de tiempo limitado.

La combinación de buques *feeder* y oceánicos permite a los operadores marítimos ofrecer a los usuarios una mayor frecuencia en el servicio, así como aumentar el número de puertos en los diferentes países de origen y destino de las mercancías.

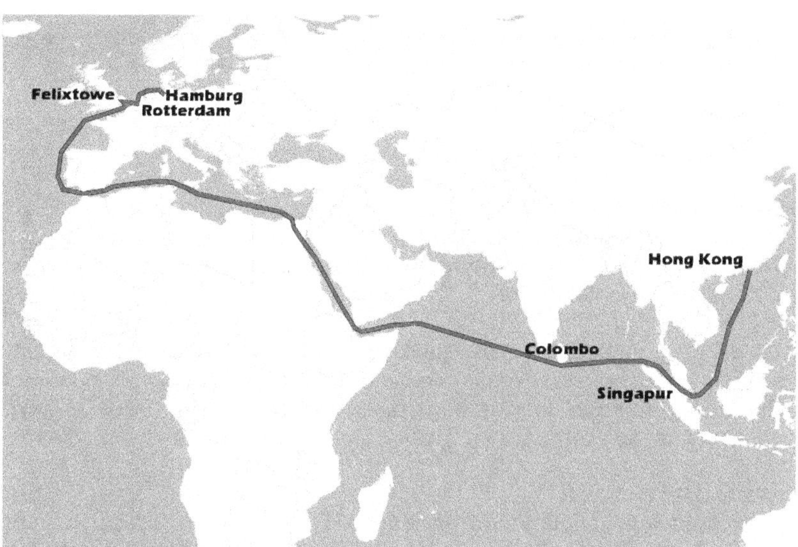

5.2 Tarifas

Desde el punto de vista de armador/compañía naviera, los costes totales de las operaciones de exportación/importación marítimas, así como los del buque, quedan claramente separados y definidos en las tarifas de flete y tarifas portuarias, ya que las dos inciden en el usuario juntas o separadas, según sea la modalidad de venta que se haya elegido.

Tarifas portuarias

Las autoridades portuarias y estatales fijan las tarifas a percibir de los usuarios del puerto (armadores y agentes del buque) por los diferentes servicios a utilizar.

En cuanto a tarifas portuarias debemos distinguir aquellas que afectan directamente a los buques y aquellas otras que afectan a las mercancías, aunque posteriormente será el armador, operador, etc., el que fije los importes a repercutir al exportador o importador.

Tarifas de señalización, prácticos, remolcadores, amarradores, atraque y estancias

Los importes correspondientes a estos conceptos son pagados por el consignatario/agente del buque y, posteriormente, repercutidos al armador.

Las tarifas de estibadores

Son aquellas que las empresas estibadoras percibirán por los siguientes conceptos:

• Operaciones en tierra: recepción y entrega de las mercancías, estancias en muelle (días), movimientos o traslados de las mercancías para inspecciones, análisis, etc.
• Operaciones a bordo: carga/descarga, estiba/desestiba, etc., de las mercancías y contenedores a bordo del buque.

El actual sistema de concesiones por parte de las autoridades portuarias a las diferentes empresas estibadoras para la gestión y utilización operativa de zonas y muelles del puerto, da lugar a que las tarifas sean pactadas entre las diferentes compañías navieras (o sus agentes) y las empresas estibadoras, sin que sobrepasen los máximos estipulados por las autoridades portuarias.

Posteriormente, serán las compañías navieras o conferencias de fletes las que fijarán unos importes a repercutir al usuario (exportador/importador).

Tarifa T-3
Esta tarifa se aplica en todos los puertos españoles a las mercancías de exportación/importación, por grupos de mercancías e importes por tonelada.

La tarifa T3 es revisada anualmente con tendencia a la simplificación en su uso, así como a la reducción de los importes.

El conjunto de tarifas comúnmente llamadas «portuarias», «manipulaciones» o «gastos de embarque», y más concretamente los apartados de la «recepción, carga y estiba» de las mercancías, pueden ser facturadas por separado o conjuntamente, según sea el servicio en buque *tramp,* convencional o de contenedores.

Los agentes del buque o fletador, fijan aquellos conceptos e importes a repercutir por el usuario. En fletamentos de buques completos, generalmente, el conjunto de las operaciones portuarias a repercutir al usuario irá en función de la modalidad de flete en la que se haya cerrado la operación. Los ejemplos mas comunes de facturación por parte de las compañías navieras son:

- **Embarque convencional**
  Para embarques en buques convencionales se acostumbra aplicar los conceptos **recepción** y **carga** (más **estiba,** si corresponde) por tonelada de mercancía manipulada.

- **Embarque en contenedores**
  Las compañías navieras o conferencias de fletes fijan los importes totales en concepto de manipulaciones o **THC** *(Terminal Handling Charges)* por contenedor. Estos importes pueden variar según los diferentes países de origen/destino de las mercancías, y por contenedor de 20' o de 40', y si es de exportación o de importación.

  En algunos servicios puede fijarse un único importe por unidad de 20' o de 40', en función del cálculo de costes que efectue la compañía naviera. Estos importes nunca pueden sobrepasar las tarifas máximas publicadas por las autoridades portuarias.

- **Embarque de grupaje en contenedores.** En esta modalidad de carga, los conceptos pueden ser facturados por separado o conjuntamente, según el criterio del transportista.

5.3 Flete marítimo. Terminología
El concepto de **flete** se refiere al importe económico que las compañías navieras y armadores perciben por el transporte de las mercancías de un puerto a otro previamente fijado.

El flete puede fluctuar con más o menos frecuencia (habitualmente con aviso previo), motivado por situaciones especiales de todos o algunos de los países en los que operan las diferentes conferencias o servicios independientes.

Flete base
El buque cobra el flete base por cada tonelada o metro cúbico de mercancía transportada, según sea lo mas ventajoso para el armador. La mayor o menor división de las mercancías *(commodities)* en grupos de fletes, varía según sean las características y evolución de los diferentes mercados.

En la mayoría de las ocasiones, estas divisiones en grupos de mercancías son fijadas con un importe aplicable por unidad de carga, tonelada o metro cúbico. La relación peso/volumen utilizada en el transporte marítimo para el cálculo de los fletes por unidad de carga es de 1:1, es decir, 1 tonelada = 1 metro cúbico.

Actualmente también se aplican estos grupos de flete por contenedor de 20' y 40' *(Lumpsun)* al considerar a éstos como una unidad de carga. En algunos embarques convencionales puede aplicarse un *lumpsum* o tanto alzado.

Cálculo de FLETES	1 t	1.000 kg
	1 m³	1.000 kg

		Flete base *Unidad de flete t/m³*	
700 kg	0,700 tm	100 US$	70 US$
2,6 x 1,4 x 1 m largo ancho alto	3.640 m³		364 US$
	C.A.F. 16%		58,24 US$
	Collection fee		10,56 US$
	TOTAL		432,8 US$

Las condiciones de los fletes se refieren exclusivamente al importe del transporte acordado con el operador/armador y no a las condiciones de compra/venta de las mercancías.

Estas modalidades o condiciones en los fletes delimitan las responsabilidades sobre los gastos de embarque/desembarque de las mercancías. Las condiciones de contratación de los fletes mas comúnmente utilizadas son:

- **FIO** *(Free In / Free Out)*
  El flete establecido por el armador en condiciones *Free In* («libre a la entrada») y *Free Out* («libre a la salida»), libera a éste de los gastos que representa a la entrada (carga/ estiba) y salida (descarga/desestiba) de la mercancía a bordo del buque.

  La aplicación por parte de armadores y operadores marítimos de las condiciones FIO y sus variantes, son la consecuencia de la fluctuación de costes en la carga/descarga de las mercancías a bordo, y de las responsabilidades jurídicas por los daños que se pudieran ocasionar durante la manipulación.

  Estos aspectos condicionaron a los armadores/operadores a excluir del flete marítimo los costos de manipulaciones o movimientos de la mercancía a bordo del buque.

  Esta modalidad de flete es utilizada casi en exclusiva en las operaciones de fletamento parcial o total de un buque, percibiendo el armador el importe fijado por unidad de carga transportada, a diferencia de los fletes *liner*.

  Las diferentes variaciones de esta modalidad en FIOS - FIOST, obliga también a considerar los costos de estiba y reacondicionamiento de las mercancías por cuenta del embarcador/receptor separadamente del flete puramente marítimo

- ***Liner Terms*** **(Términos de la línea)**
  A diferencia de las condiciones FIO, en los fletes *liner* los gastos de carga, descarga, estiba y desestiba de las mercancías son asumidos por el armador, compañía naviera/ operador del buque.

Por su parte, el transportista estipula un importe en concepto de manipulaciones o gastos de las mercancías en las terminales y muelles de carga. Pueden introducirse combinaciones a las mencionadas modalidades de flete FIO y *Liner Terms,* tales como: *Liner In/Free Out (LIFO) - Free In / Liner Out (FILO)* según el criterio del transportista.

Separadamente a la modalidad de flete que se determine, la totalidad de éste es aplicable en la moneda fijada por el armador/operador, siendo el dólar americano la moneda de uso más común.

Recargos *(Surcharges)*

La fluctuación de las monedas internacionales, las crisis energéticas, congestiones inusuales en los puertos de escala regular, zonas con riesgo de guerra, etc., fuerzan a armadores/compañías navieras a establecer elementos de ajuste sobre los fletes previamente fijados, al tener que soportar costes adicionales que merman sus ingresos.

Estos ajustes habitualmente suelen ser porcentuales o importes fijos. Los recargos más habituales sobre el flete base, son:

- **CAF** *(Ocurrency Adjustement Factor)*

  Factor de ajuste de la moneda. Es el recargo más susceptible de fluctuación, al tener que considerar una serie de gastos que repercuten directamente al propietario o fletador del buque.

  El coste propio del buque y los gastos portuarios en los diferentes puertos de escala, cuantificados en las diferentes monedas locales, deben ser ajustados según la paridad de éstas con la moneda fijada por el operador para percibir el flete marítimo. La mecánica de aplicación de este recargo es inversa a la fluctuación de la moneda base de aplicación en el flete (en este caso el dólar americano), con la moneda local del país de escala del buque.

- **BAF** *(Bunker Adjustement Factor)*

  Factor de ajuste necesario para compensar el aumento en el precio del combustible que se suministra al buque. Estos recargos no son aplicables en todas las zonas geográficas de negocio marítimo, ni en porcentajes similares en el caso de aplicación. Pueden ser positivos o negativos, según las fluctuaciones existentes en el mercado internacional.

Existen otros recargos en los que no tienen incidencia las fluctuaciones monetarias u otras, y que se aplican complementariamente al flete:

- **Equipo especial** *(Special equipment).* Por utilización de equipo especial, tal como: contenedores de techo abierto, plataformas, etc.

- **Extra dimensiones** *(Over dimentions).* Flete adicional por la pérdida/ocupación de espacios ocasionados en el buque.

- **Recargo IMO** *(IMO surcharge).* Flete adicional por el transporte de mercancías peligrosas.

5.4 Transporte fluvial

Complementariamente al transporte marítimo de puerto a puerto, existe el transporte fluvial, de gran importancia en Europa. Es un transporte económico e históricamente destinado a mercancías de gran volumen, graneles, etc., localizándose el origen de las mismas en aquellas zonas cercanas a los ríos, y que son transportadas hasta su desembocadura para ser embarcadas en los puertos mas cercanos.

Existen zonas en Europa y América donde es habitual este medio de transporte, convirtiendo a los ríos en arterias por las que navegan numerosos tipos de embarcaciones que conectan estos centros de producción con los puertos.

El río Missisippi enlaza una amplia zona geográfica de Estados Unidos con el puerto de New Orleans, así como la conexión fluvial Rin-Danubio y toda su cuenca es enlazada con los puertos del norte de Europa. Existen en Europa mas de 20.000 km navegables, lo que demuestra la capacidad para el transporte por este medio.

Actualmente, debido a diversos factores, principalmente motivado por el gran volumen de mercancías que se mueven en Europa por carretera (con los peligros de accidentes y contaminación que esto representa), existe una predisposición a la promoción de este medio de transporte, junto con el ferrocarril. Esta modalidad de transporte apenas tiene incidencia en España.

6. TRANSPORTE MULTIMODAL

El **transporte multimodal, intermodal** o **combinado,** es aquel que se realiza con una misma unidad de carga, sin ruptura de su contenido, y en el que se utilizan dos o más medios de transporte de mercancías. El principio de utilización de esta modalidad tiene su origen en el contenedor.

El paulatino incremento en la utilización del contenedor en el transporte internacional ha contribuido en gran manera a notables cambios en las modalidades y regímenes del transporte marítimo de mercancía general.

Al transporte estríctamente oceánico de un puerto a otro, se ha incorporado la recogida y entrega de las mercancías en el almacén o fabrica del usuario, servicio **puerta a Puerta,** ya que el contenedor, una vez cargado o descargado del buque, puede ser transportado por camión o ferrocarril a cualquier punto fuera de la zona portuaria.

A este hecho lo podríamos calificar como el inicio del transporte multimodal. El Convenio de Ginebra de 1980 define los principios de esta modalidad, así como las funciones y responsabilidades del operador del transporte multimodal (OTM), aunque este Convenio no está oficialmente en vigor.

En las tarifas del operador de transporte multimodal se han de compaginar todos los costes de las diferentes modalidades involucradas. La oferta al usuario puede estar unificada para todo el recorrido, desde origen a destino, o bien fraccionada.

El FIATA B/L puede ser el documento emitido habitualmente por el transitario OTM en esta modalidad de transporte, desde el punto de origen hasta el destino final de la mercancía.

El Multimodal B/L es el documento emitido por las compañías navieras. Ambos documentos están oficialmente reconocidos por la Cámara de Comercio Internacional (CCI).

Sin ser de utilización específica y particular en el transporte multimodal, el siguiente apartado podría considerarse así según sean los criterios de aplicación de los transportistas. Las compañías navieras, con la introducción del contenedor como unidad de carga, han motivado la necesidad de definir los diferentes regímenes de carga de éstos, creando los siguientes términos:

- **FCL/FCL** *(Full Container Load)*
  Contenedores cargados con mercancía generalmente homogénea de un solo exportador y destinada a un solo importador. El exportador expide el contenedor desde su fábrica o almacén de carga en cualquier punto del país, y el importador lo recibe en su almacén para proceder a la descarga.

- **LCL/LCL** *(Less Than Container Load)*
  El contenedor, como unidad de carga, no es únicamente utilizado en cargas homogéneas, sino también para todo tipo de mercancías de menor volumen que unitariamente no justifican la utilización de un contenedor en su totalidad. Esta modalidad de carga en régimen de LCL, grupaje o consolidado, la organizan indistintamente compañías navieras y transitarios consolidadores, los cuales agrupan las diferentes mercancías en almacenes o depósitos previamente fijados.

  Posteriormente, las mercancías son estibadas en los diferentes contenedores según sean los puertos de destino de las mismas. Una vez lleguen a su destino, serán las propias compañías navieras o transitarios consolidadores quienes desconsoliden y desagrupen las mercancías, en las zonas por ellos asignadas, para hacer la entrega a los correspondientes importadores.

• FCL/LCL y LCL/FCL
La combinación de estas dos modalidades de embarque en contenedores permite agrupar mercancías de un solo exportador para varios importadores de un mismo puerto de destino, y viceversa.

En las diferentes variantes utilizadas, siempre debemos entender: FCL (origen) / FCL (destino).

Como hemos citado en el apartado correspondiente al transitario, una de las funciones en las que está especializado, es en la de organización de sus propios grupajes o consolidación de mercancías, contratando con las compañías navieras las tarifas de flete que éstas tienen establecidas para las cargas consolidadas.

Posteriormente, éstos establecen sus propias tarifas de venta a los usuarios en función de los fletes existentes en el mercado y del conjunto de servicios que prestan.

En los mencionados regímenes de carga de los contenedores también pueden utilizarse, paralelamente a éstos, los siguientes términos:

• Puerta a puerta *(House/House o Door/Door)*
Se refiere únicamente al movimiento físico del contenedor. Nos indica que la mercancía es recogida en fábrica o almacén y entregada igualmente en fábrica o almacén.

Este régimen no implica que los gastos de recogida y entrega en origen y destino estén incluidos en el transporte marítimo.

House/Pier y Pier/House
Variantes aplicables según los casos y acuerdos existentes, previos al embarque de las mercancías.

• CFS/CFS *(Container Freight Station)*
Cuando la mercancía se entrega o recoge en zonas especializadas en el agrupamiento de mercancías (almacenes/depósitos/terminales), previas al llenado y vaciado de los contenedores, así como contenedores completos.

• CY/CY *(Container Yard)*
Define el movimiento de un contenedor desde/hasta un muelle o terminal de carga/descarga.

7. TRANSPORTE AÉREO

El transporte aéreo es una de las modalidades de transporte más sofisticada y, a la vez, con más restricciones. La limitada capacidad de un avión y las estrictas medidas de seguridad condicionan las posibilidades de aumentar su capacidad de carga, a diferencia de otras modalidades de transporte.

La industria de la carga aérea en el transporte internacional nos muestra un continuo aumento en los últimos años, tanto en el volumen de negocio como en el número de aviones en servicio.

Las líneas aéreas se ven condicionadas a transformar en cargueros aquellos aviones más viejos (dedicados al transporte de pasaje), en lugar de adquirir nuevas unidades de carga, y a la puesta en servicio de aviones de fuselaje ancho, los cuales disponen de mayor capacidad de carga. Todo indica que este medio de transporte seguirá creciendo y creando nuevos sistemas, combinando mediante aviones mixtos el pasaje y carga.

Según sea el modelo de avión, las toneladas de carga que puede transportar y el numero de unidades en servicio (basándonos en un numero aproximado de 1.500 unidades), los porcentajes por tipos/modelos sobre el total de toneladas de mercancía transportada, se nos muestra de la siguiente manera:

- Aviones pequeños hasta 30 t de carga: 46 %
- Aviones medianos entre 30 y 50 t de carga: 36 %
- Aviones grandes de más de 50 t de carga: 18 %

Existe una clara tendencia al aumento de las grandes unidades motivado parcialmente por la transformación de las mismas, como hemos comentado anteriormente. Las principales características de este medio de transporte son: la rapidez, la fiabilidad y el elevado nivel de seguridad.

7.1 Servicios aéreos

No existe una sola compañía aérea en todo el mundo que vuele a todas las ciudades, pero en el transporte aéreo las mercancías llegan a cualquier aeropuerto gracias a las colaboraciones y acuerdos existentes entre las diferentes compañías.

Con la simple emisión de un único documento de transporte *(Airway Bill),* es posible efectuar un envío a cualquier parte del mundo, a través de los servicios de diferentes líneas aéreas, conociendo de antemano el coste total del mismo y efectuando el pago a una sola empresa y en una sola moneda.

Como hemos mencionado en el apartado de «Asociaciones», las compañías asociadas a IATA, gracias a la cooperación existente entre ellas, ofrecen los diferentes servicios de cargas completas, agrupadas, paquetería y courier a cualquier aeropuerto del mundo.

Dependiendo del destino de las mercancías y de sus características, éstas podrán entregarse con mayor o menor rapidez, en función de los servicios existentes en cada país.

Si tomamos como modelo una compañía nacional europea, similar en funcionamiento a las compañías nacionales de otros países, y los diferentes servicios que presta podremos ver:

- **Vuelos regulares nacionales**
  Generalmente Aviones tipo N/B.
  - Pasaje.
  - Carga suelta en bodega. Nacional e internacional (procedente de otro vuelo anterior).

• Vuelos regulares dentro de la UE

Aviones tipo N/B y W/B.

• Pasaje.

• Carga en bodega (suelta o en ULD). Servicio directo aeropuerto/aeropuerto para algunas mercancías y punto de transbordo para otras.

• Vuelos regulares intercontinentales

Aviones tipo W/B.

• Pasaje.

• Carga en bodega en ULD. Servicio directo aeropuerto/aeropuertopara algunas mercancías, y punto de transbordo para otras.

Las compañías nacionales y privadas utilizan sus propios cargueros en rutas y horarios establecidos, desde sus aeropuertos base, para los diferentes destinos internacionales. Estos aeropuertos base de origen y destino pueden agrupar mercancías procedentes y con destino a otras áreas geográficas con menor número de vuelos en servicio.

Estos aspectos repercuten directamente en los costes del flete aéreo, el tiempo de tránsito de los envíos y la regularidad de los servicios. Este sistema de concentración de cargas es similar al comentado en la modalidad de transporte marítimo.

Son los agentes de carga IATA los que, conjuntamente con las diferentes compañías aéreas, ofrecen a los usuarios del transporte de carga aérea las opciones y alternativas más ventajosas para éstos, en función de la urgencia, de las características del envío y las tarifas establecidas.

Las compañías aéreas centralizan la oferta de espacio a través del «centro de control de espacios», cuya finalidad es la de optimizar al máximo la capacidad de carga de los aviones. Por este motivo, un aspecto importante en el transporte aéreo es la reserva de carga por el expedidor y la confirmación de esta reserva por parte de la compañía aérea

Al no estar involucradas en ocasiones todas las zonas del mundo en las decisiones y resoluciones que se adoptan para los diferentes países o zonas geográficas, IATA ha dividido el mundo en tres diferentes áreas o «conferencias de trafico»:

• Conferencia de Tráfico 1 - TC1, Secretaría en Montreal.
• Conferencia de Tráfico 2 - TC2, Secretaría de Ginebra.
• Conferencia de Tráfico 3 - TC3, Secretaría en Singapur.

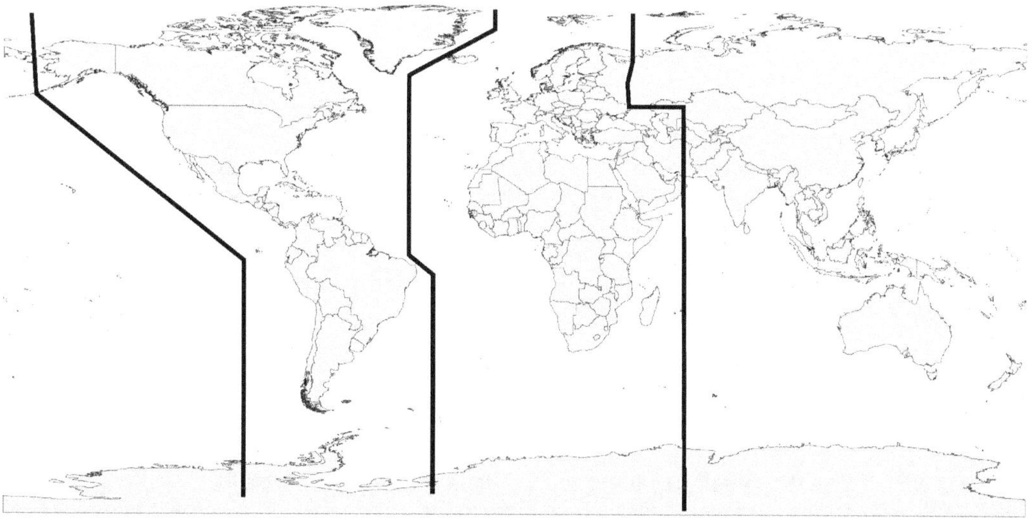

En cada conferencia existe una Secretaría que coordina los diferentes asuntos específicos que afectan directamente a ésta, así como el control de las diferentes subáreas en las que cada zona esta dividida.

Si existen asuntos que afectan a dos o más conferencias, la denominación sería, por ejemplo: **TC 1-2, TC 2-3, TC 1-2-3,** según estuvieran relacionadas.

Existen compañías aéreas que no pertenecen a IATA. Estas compañías se dedican únicamente al transporte de mercancías, no al pasaje, y establecen independientemente sus propios servicios y tarifas.

7.2 Tarifas
Flete aéreo
Los acuerdos adoptados por los comités y subcomités de IATA son vertidos con todo detalle en los manuales *Cargo Service Conference Resolution Manual* y *Cargo Agency Conference Resolution Manual.*

Dichos manuales están en poder de todas las compañías aéreas miembros de IATA y de los agentes IATA. No obstante, y como sea que éstos son demasiado técnicos, sus principios están reflejados en los manuales de trabajo y publicados como:

- ***TACT (The Air Cargo Tariff)***
  Consta de un volumen de tarifas y otro de normas.

- ***DGR (Dangerous Goods Regulations)***
  Relativo a las mercancías peligrosas o restringidas.

- ***LAR (Live Animals Regulations)***
  Normas para el transporte de animales vivos.

Las tarifas TACT están divididas en dos manuales, uno específico para las mercancías con origen y destino Norteamérica y otro para el resto del mundo. Ambos manuales están divididos en los siguientes módulos tarifados principales:

- **Tarifa de carga general** *(GCR, General Cargo Rates)*
  Tarifas publicadas de punto a punto. Son aplicables a cualquier mercancía, salvo a las que sufren algún tipo de recargo. Los niveles establecidos suelen ser:

  Tarifa "M"
  Indica los fletes mínimos a cobrar de punto a punto.

  Tarifa "N"
  Indica los fletes a cobrar para cargas:
  - **Menos de 45 o 100 kg** (límites establecidos según la compañía aérea).
  - **Más de 45 o 100 kg** (límites establecidos según la compañía aérea).

  Tarifa "Q"
  Indica fletes por diferentes niveles (en kilogramos), con precios más reducidos cuanto mayor sea el peso total del envío.

- **Cargos por valor** *(Valuation Charges)*
  Los cargos por valor (si procediese), se aplicarán sobre el valor total del envío y varían según las diferentes zonas geográficas de destino.

- **CCR - Tarifa de clases de mercancías** *(Class Commodity Rates)*
  Son de aplicación entre ciertas áreas o zonas (no publicadas de punto a punto) y referi-

das a un reducido número de mercancías (ej.: restos humanos, animales vivos, periódicos, valores, efectos personales, etc.).

Vienen expresadas en porcentajes sobre la GCR, y tanto pueden suponer tanto una reducción como un recargo de las mismas.

- **SCR - Tarifa de mercancías especiales** *(Specific Commodity Rates)*
  Estas tarifas son generalmente más bajas que las mencionadas en la GRC y, al igual que éstas, se aplican de punto a punto. Son aplicables a determinadas mercancías codificadas por familias o grupos de productos, y generalmente parten de escalados de 100 kg o más.

- **ULD - Tarifa unitizada**
  Las tarifas ULD establecen un peso mínimo en función del tipo de ULD llamada *"Pivot Weight"*. Existe una segunda tarifa complementaria, aplicable al peso excedente del mínimo establecido, llamada *"Over Pivot"*.

La relación peso/volumen en el transporte aéreo es de 1: 6 **(1 kg = 6.000 cm³)**, redondeando las medidas individuales en fracciones de 0,5 superior o inferior.

La base para el cálculo de la unidad de carga a tarifar se aplica por kilogramos de peso multiplicado por la tarifa correspondiente.

Si tenemos un envío de 250 kg de peso y un volumen de 1,800 m³, el cálculo debería ser:

1,8 m³ dividido por 6.000 = 300 kg tarifables.

Cáculo flete aéreo

$$1 \text{ t} = 6 \text{ m}^3$$

$$166,6 \text{ kg} = 1 \text{ m}^3$$

$$1 \text{ caja de } 700 \text{ kg} = 3,64 \text{ m}^3 \times 166,6 \text{ kg}$$

$$3,64 \times 166,6$$

$$606 \text{ kg} \quad 700 \text{ kg}$$

El pago de fletes por parte de los agentes IATA se efectúa a través del departamento financiero **CASS.**

Este departamento esta dividido en **CASS** (responsable de los fletes pagados en origen) y **CASS Collect** (responsable de los fletes debidos).

El agente IATA envía una copia del AWB a CASS, el cual controla y liquida con las compañías aéreas los importes correspondientes a los envíos efectuados en un período de tiempo previamente fijado. CASS también interviene en aquellas situaciones donde existan diferencias en la aplicación de los fletes y la liquidación de los mismos.

8. TRANSPORTE POR CARRETERA

El transporte de mercancías por carretera es una de las modalidades de transporte rodado de superficie que continuamente ha ido creciendo y desarrollándose, tanto en las redes viarias como en todo tipo de servicios auxiliares.

La característica más destacada de esta modalidad de transporte es la flexibilidad. Por la capacidad de los vehículos, éstos pueden transportar pequeños y grandes envíos, así como realizar entregas puerta a puerta en todos los casos.

Debemos destacar la importancia de este medio en los transportes de mercancías perecederas y de abastecimiento, ya que por su reducido tiempo de tránsito desde la carga en origen hasta la entrega en destino, permite ajustar convenientemente los stocks en los almacenes de producción y posterior distribución.

El transporte por carretera es un elemento imprescindible para el resto de las modalidades de transporte, sea marítimo, ferrocarril o aéreo, ya que en todas éstas el camión sirve de apoyo para las entregas y las recogidas, tanto de pequeñas como de grandes expediciones o unidades de carga, desde el centro de almacenaje hasta el punto de embarque o viceversa.

8.1 Servicios de carretera

Son las agencias de transporte las que establecen su propios servicios internacionales entre puntos concretos de la geografía, según sus intereses o volumen de negocio existente. Estos servicios pueden ser:

- **Camión completo**

  Este servicio es ofrecido generalmente en régimen puerta a puerta para aquellas mercancías que por su volumen justifican la utilización de un camión completo.

- **Servicios de grupaje**

  Los transportistas ofrecen estos servicios con más o menos regularidad (semanal, diaria, etc.), desde sus centros de agrupamiento de mercancías en la ciudad de origen hasta la ciudad de destino de las mercancías. Generalmente, a este servicio punto a punto se incorpora la entrega hasta domicilio del receptor final, según hayan sido acordadas las condiciones de entrega.

- **Paquetería / Urgentes**

  Estos servicios se establecen en régimen de puerta a puerta y limitados a un máximo de peso por expedición.

- **Recogidas y entregas a domicilio**

  Este servicio puede ser complementario al grupaje o totalmente independiente.

  Como hemos citado anteriormente, por las características de flexibilidad y rapidez de esta modalidad de transporte, se ofrece la posibilidad de situar las mercancías en cualquier destino, acomodándose a las necesidades del usuario en los diferentes servicios que se prestan, tanto nacionales como internacionales.

  Las normativas de seguridad en carretera establecen unos períodos de conducción y de descanso. Este control se efectúa mediante el tacógrafo, anteriormente mencionado.

8.2 Tarifas

No existen tarifas generales en el transporte internacional por carretera, motivado por la diversidad de puntos geográficos de negocio existentes.

Los costes que inciden en el vehículo, los distintos puntos de origen y destino elegidos por los transportistas, así como los diferentes servicios de recogida, almacenaje y entrega, son las bases utilizadas para establecer sus tarifas particulares. Estos importes totales pueden variar en función de los siguientes factores:

- Contratos de larga duración.
- Viajes de ida y vuelta, o ambos casos.
- Gastos de combustible.
- Autorizaciones oficiales de transporte.
- Capacidad de carga.
- Mercancías estacionales.
- Tasas de tránsito en determinados países.
- Oferta y demanda de vehículos y mercancías.

Como hemos citado anteriormente, según sean los diferentes servicios que se ofrecen, cada transportista establece sus propias tarifas. Las modalidades de tarificación más habituales son:

- **Cargas completas**

  Se entiende por carga completa toda expedición efectuada por un solo remitente y destinada a un solo receptor, cuyo tonelaje o cubicaje justifique el uso exclusivo de una o varias unidades de carga o vehículo.

  En este caso, la tarifa se establece por camión o unidad de carga, entre usuario y transportista.

- **Mercancías agrupadas**

  Es la expedición conjunta de varias mercancías procedentes de diferentes remitentes transportadas en una misma unidad de carga o vehículo, desde un determinado punto de agrupamiento a otro punto de desagrupamiento o distribución, para diferentes receptores.

Cálculo del flete por

Tonelada tm	Metro cuadrado m^2	Metro lineal m
20 tm 60 m^3	20 tm = 28 m^2	20 tm = 12m

1 caja de 700 kg = 3.640 m^3 (2,60 x 1,40 x 1 m)

3,64 m^3 x 333,3 kg	3,64 x 725 kg	2,60 x 1.650 kg
1.213 kg	**2.639 kg**	**4.290 kg**

Estas tarifas se confeccionan partiendo de la utilización de un vehículo de 20/24 t de carga y 65/80 m^3 de capacidad, y se aplican generalmente por **kilogramo** de mercancía transportada.

Según sean las características de las mercancías, éstas se pueden tarifar por **metro lineal o metro cuadrado** que ocupen en el camión.

Al igual que en otras modalidades, en el transporte internacional por carretera existe su propia base para la tarificación en relación con el peso/volumen de las mercancías **(1:3)**.

El vehículo, por sus limitaciones de carga en kilogramos, por su capacidad máxima en volumen y metros lineales destinados a la carga, condiciona el establecimiento de tarifas por kilogramo o metro lineal de mercancía transportada. Partiendo de este principio obtenemos lo siguiente:

Características del vehículo:

20 t de carga - 60 m³ de capacidad	Ratio 1/3
24 t de carga - 80 m³ de capacidad	Ratio 1/3.3
22 t de carga - 12 m lineales	Ratio 1/1.833

Cuando la tarifa se establece por kilogramo, cada metro cúbico de mercancía transportada se multiplicara por 333 kg para obtener los kilos tarifables. Cuando este cálculo se tenga que realizar por metro lineal de mercancía, cada metro lineal se debe multiplicar por 1.833 kg para obtener los kilogramos tarifables.

Algunos transportistas confeccionan sus tarifas (basados en los cálculos mencionados) en escalados por bloques (de 50 a 100 kg, de 100 a 200 kg, etc.), o por kilogramos exactos de mercancía tarifada.

9. TRANSPORTE POR FERROCARRIL

Ha sido necesaria la colaboración internacional para el desarrollo ordenado del transporte ferroviario en los diferentes aspectos técnicos, de organización, de tarificaciones, etc. Sin embargo, esta colaboración internacional no es suficiente para conseguir una única estructura ferroviaria europea.

Actualmente existen sociedades y empresas privadas, nacionales e internacionales, que utilizan la infraestructura ferroviaria, comercializando y explotando el transporte en zonas concretas, aportando sus propios recursos operativos y materiales.

El desarrollo del transporte internacional ferroviario combina una excelente infraestructura y avanzada tecnología, pudiendo competir con el transporte marítimo en algunos movimientos de mercancías específicas.

En Europa existe una amplia red ferroviaria que facilita el transporte de mercancías, siendo asiduamente utilizado en todos los países. No obstante, debe señalarse la diferencia del ancho de vía existente en nuestro país (1,668 m) y el existente en el resto de los países europeos (1,445 m), que no facilita el tránsito normal del material de origen español que transporta las mercancías.

Debido a la diferencia en el ancho de vía entre España y el resto de los países de Europa, existen en nuestro país vagones especiales con ejes intercambiables que mediante un procedimiento mecánico simple, se adaptan al ancho de vía europeo.

En la mayoría de las exportaciones españolas por ferrocarril se utilizan estos vagones ya que, de otro modo, las mercancías deberán sufrir el cambio de vagón en la frontera, con los costes adicionales de manipulación, riesgos de pérdidas y daños, así como retrasos en la entrega.

El desarrollo habido en los países europeos con ancho de vía uniforme ha sido muy superior al de España en materia de transporte ferroviario, ayudados por los aspectos más favorables de esta modalidad de transporte:

- **Internacionalidad**
  Uniformidad de su estructura.

- **Flexibilidad**
  Posibilidad de aceptación de grandes y pequeños volúmenes de mercancías en régimen de servicios puerta a puerta.

- **Seguridad**
  Es el medio de transporte con menor índice de siniestros.

Como en cualquier otro medio de transporte, es necesario conocer el equipo/material existente, según las mercancías a transportar.

Las limitaciones físicas del ferrocarril inciden principalmente en el transporte de aquellas mercancías que por sus medidas especiales puedan sobrepasar los **gálibos** (perfil máximo que limita la carga sobre el vagón), establecidos internacionalmente.

9.1 Servicios del ferrocarril

El servicio de trenes de mercancías, según sea su funcionamiento o características, se denomina de la siguiente manera:

Por su funcionamiento:

- **Regular**
Aquellos sujetos a horarios fijos e itinerarios determinados.

- **Facultativo**
Aquellos especialmente acordados, en horario e itinerario con empresas o sociedades privadas.

Por las características de las mercancías:

- **Trenes completos**
Utilizados por usuarios con gran volumen de carga. Habitualmente el origen y destino de las mercancías son zonas especiales o particulares con infraestructura ferroviaria propia. Se pueden realizar indistintamente trenes completos de contenedores o vagones cerrados, según los casos.

- **Vagones completos**
Utilizado por clientes regulares o esporádicos. Regularmente se organizan trenes para efectuar la entrega y recogida de estas unidades por las diferentes estaciones.

- **Cargas fraccionadas**
Utilizado por usuarios cuyo volumen de carga no justifica el uso de un vagón completo. Se puede realizar la recogida y distribución de las mercancías hasta el almacén del usuario, así como fijar plazos límite de entregas.

Cuando existen cargas aisladas que justifican la utilización de un vagón completo, es indiscutible que esta modalidad de transporte, con las exigencias actuales del mercado, es costosa y lenta.

Esta situación, juntamente con el transporte por carretera, donde el camión nos plantea problemas de saturación de trafico y daños al medioambiente, ha generado la posibilidad de combinar la capacidad del transporte ferroviario y la penetración que tiene el camión en rutas concretas

Esta intermodalidad, conocida internacionalmente por la palabra francesa *ferroutage* (combinación de *fer* (hierro/ferrocarril) y *routage* (por carretera), está generando nuevas expectativas al transporte ferroviario.

Tanto las compañías nacionales como las sociedades privadas que comercializan esta modalidad de transporte, tienen establecidas sus propias rutas y horarios para cargas fraccionadas, cargas completas, contenedores, etc., disponiendo en algunos casos de material de tracción propio y cajas móviles, pudiendo complementar el transporte estrictamente ferroviario con el de carretera.

En España, Renfe tiene establecidos sus servicios en dos modelos diferenciados, como:

- **Unidad de Negocio Carga**

- **Unidad de Negocio Transporte Combinado**
  * Teco (Tren Expreso de Contenedores).
  * Euroteco.

9.2 Tarifas

Existen tablas kilométricas, fijadas entre los diferentes puntos de la geografía europea, que son utilizadas para el cálculo del precio del transporte ferroviario o tracción.

Estas tarifas de recorrido ferroviario se basan en los siguientes criterios de aplicación:

- **Vagón completo**
  Precio fijado por el vagón, tomando como base el peso total de la mercancía transportada, así como el origen y el destino.

- **Tren completo** *(Block Train)*
  El importe total del transporte del tren completo se negocia separadamente al del precio por vagón, y dependiendo también del origen y el destino del mismo.

- **Intermodal - UTI (Unidad de transporte intermodal)**
  Tarifas establecidas para unidades de carga (habitualmente contenedores) desde puntos de origen y destino en las diferentes terminales ferroviarias, independientemente de las mercancías que se transportan y basadas en los siguientes criterios:

  a) Según tipo de contenedor (20' - 30' - 40').
  b) Contenedor lleno o vacío.
  c) Según su peso.

- **Paquetería**
  Tarifas de aplicación por kilogramos y con criterios similares a los utilizados en el transporte por carretera. No es habitual fijar horarios de entrega, ya que normalmente las mercancías urgentes son transportadas por camión o avión.

Paralelamente a éstas existen otras tarifas construidas en distancias/radios kilométricos desde las estaciones o terminales de ferrocarril, denominadas **acarreos**, para efectuar la entrega o recogida de las mercancías o contenedores, ofreciendo así un servicio completo de puerta a puerta del cliente exportador/importador.

Las compañías también tienen fijados importes, en la moneda local de cada país, para los conceptos de carga, descarga y almacenaje de las mercancías en la estación o terminal.

10. MERCANCÍAS PELIGROSAS

El Convenio Internacional para la Seguridad de la Vida Humana en el Mar (Convenio SOLAS 74/78)*, cap. VII, parte A, «Transporte de mercancias peligrosas en bultos o en forma sólida a granel», establece las condiciones y normas que deben ser observadas obligatoriamente por los transportistas cuando traten con mercancías clasificadas como peligrosas. Estas normas clasifican y codifican los diferentes productos, prescriben los tipos y modos de embalaje, marcado y etiquetado, y regulan, mediante «tablas de segregación de productos», los factores de incompatibilidad entre mercancías transportadas en un mismo medio. El cap. VII del Convenio SOLAS (que se completa con el Código Marítimo Internacional de Mercancías Peligrosas, conocido como Código IMDG), parte A, regla 2, establece la siguiente clasificación de mercancías peligrosas:

1. Explosivos.
2. Gases: comprimidos, licuados o disueltos a presión.
3. Líquidos inflamables
4.1. Sólidos inflamables
4.2. Sustancias que pueden experimentar combustión espontánea.
4.3. Sustancias que en contacto con el agua desprenden gases inflamables.
5.1. Sustancias comburentes.
5.2. Peróxidos orgánicos.
6.1. Sustancias venenosas (tóxicas).
6.2. Sustancias infecciosas.
7. Materiales radiactivos.
8. Sustancias corrosivas.
9. Sustancias peligrosas varias, es decir, cualesquiera otras sustancias que de acuerdo con la experiencia hayan demostrado, o puedan demostrar, ser de índole lo bastante peligrosa como para aplicarles las disposiciones de la presente parte.

Las fichas particulares de identificación especifican las fórmulas de composición, instrucciones sobre el embalaje, así como los diferentes códigos asignados a cada producto:

> Código **UN**
> Número asignado a las mercancías peligrosas.

> Código **IMO**
> Inter-Governamental Maritime Organization.

> Código **IMDG**
> International Maritime Dangerous Goods.

> Código **EmS**
> Procedimiento de emergencia para mercancías peligrosas.

Es obligado el cumplimiento de las normativas fijadas para los usuarios y transportistas, pero asimismo deben existir los controles necesarios por las empresas y organismos correspondientes, durante el transporte y permanencia de los diferentes productos en el muelle, almacenes, aeropuertos, etc., previo y posterior al transporte.

**El «Convenio Internacional para la Seguridad de la Vida Humana en el Mar» nació en 1914 como consecuencia directa de la catástrofe del "Titanic", y ha tenido desde entonces sucesivas versiones, la última de las cuales, vigente en la actualidad, data de 1974, con importantes modificaciones introducidas por el Protocolo de 1978. Desde entonces, el Convenio ha sufrido numerosas enmiendas para adaptarlo a las nuevas condiciones técnicas, y dar respuesta a otros accidentes graves ocurridos, como los de los buques "Amoco Cádiz", "Herald Of Free Enterprise", "Exxon Valdez", "Estonia", etc.*

Existen modelos de declaración de mercancías peligrosas, utilizados en el transporte internacional, que el exportador/importador deben cumplimentar adecuadamente, así como el etiquetado especialmente estandarizado según sea el producto y sus características de peligrosidad.

El transporte de las mercancías clasificadas como IMO 1 (explosivos), no deben realizarse por los medios habituales y regulares. Estas mercancías deben trasportarse bajo controles especiales y unidades específicas.

En el transporte por carretera existen mercancías que por sus características de peligrosidad precisan de permisos especiales para circular.

Por otra parte, cada país podrá prohibir el paso de ciertos productos peligrosos por su territorio, así como admitir algunos de ellos con requisitos específicos más o menos rigurosos.

Las normas básicas para el transporte de estos productos se limitan, aparte de las internacionalmente fijadas, a aquellos propios de seguridad del vehículo que los transporta, basándose principalmente en las siguientes normas internacionales:

- Límite de velocidad en zonas urbanas de 40 km/hora.
- Circular en zonas urbanas sólamente para la carga y descarga.
- Limitar las horas de circulación en jornadas festivas.

Los vehículos deben estar autorizados mediante el certificado ADR-TPC, el cual obliga a éste a disponer de instalación eléctrica blindada, desconectador de batería independiente, extintores, etc.

Estos vehículos deben ir debidamente señalizados con las denominadas paneles/placas ADR, correspondientes a la categoría de productos que transporten.

Paneles

Los paneles de identificación, de color naranja, situados en la parte delantera y trasera del vehículo, estarán formados por dos partes: una superior de 2/3 dígitos que identifica el tipo de peligro de la materia que se transporta, y 4 dígitos inferiores correspondientes a la identificación de la mercancía. En el supuesto de transportarse varias mercancías clasificadas como peligrosas y compatibles entre sí en un mismo vehículo, el panel de color naranja no indicará ningún número concreto.

Etiquetas de peligro

Los vehículos cisterna dedicados a este tipo de transporte, además de los paneles citados, deben llevar las etiquetas de peligro correspondientes a la mercancía. Estas etiquetas cuadradas muestran con un dibujo la clasificación de peligrosidad de la mercancía.

El transporte de mercancías peligrosas por ferrocarril utiliza las mismas clasificaciones internacionales de los productos y se basa en el convenio europeo ADR. Las bases de funcionamiento son similares en todos los aspectos a las establecidas para el transporte por carretera. Estas mercancías se verán supeditadas a la normativa especifica de cada país por el cual tenga que circular el tren (limitaciones y prohibiciones locales especificas). Los productos transportados en vagones o contenedores cisterna, deben ir debidamente identificados con los paneles y etiquetas correspondientes a la clasificación de peligrosidad del producto. En los diferentes medios de transporte, sean nacionales o internacionales, existen recargos de peligrosidad que se pueden aplicar en importes fijos o porcentajes sobre el precio total del transporte, según el criterio del transportista.

9 788486 684174